Engelbert Günthner

Studien zu Lope de Vega

Engelbert Günthner

Studien zu Lope de Vega

ISBN/EAN: 9783744697033

Hergestellt in Europa, USA, Kanada, Australien, Japan

Cover: Foto ©ninafisch / pixelio.de

Weitere Bücher finden Sie auf **www.hansebooks.com**

PROGRAMM

des

Königl. Gymnasiums in Rottweil

zum

Schlusse des Schuljahrs 1894-95.

Inhalt:

I.

Studien zu Lope de Vega

von

Professor Engelbert Günthner.

II.

Nachrichten über das abgelaufene Schuljahr

von Rektor Dr. Eble.

ROTTWEIL.
M. ROTHSCHILD'S BUCHDRUCKEREI.
1895.

Vorwort.

Auf ein ausführlicheres Vorwort glaube ich verzichten zu dürfen, da das folgende Inhaltsverzeichnis in Verbindung mit den den einzelnen Abschnitten und Paragraphen vorausgeschickten Bemerkungen über den Plan und zugleich die Begrenzung der vorliegenden Arbeit hinlänglich Aufschluss gibt. Darauf jedoch glaube ich noch ausdrücklich hinweisen zu sollen, dass ich mich grundsätzlich an keine fremde, weder öffentliche noch private, Bibliothek gewendet, vielmehr es vorgezogen habe, die bibliographischen Angaben auf eigene, eine Reihe von Jahren hindurch fortgesetzte Erwerbungen zu stützen. Bei solchen Schriften, welche mir trotz meiner Bemühungen nicht zugänglich geworden sind, habe ich auf Grund der besten, jedesmal an den betreffenden Stellen namhaft gemachten bibliographischen Werke, wie Barrera, Salvá, Whitney u. a., möglichst genaue und zuverlässige Angaben zu machen gesucht. Dass die Arbeit noch manche Lücken und Mängel in bibliographischer wie in anderer Hinsicht aufweist, verhehle ich mir keineswegs und für jede zweckdienliche Mitteilung und Berichtigung werde ich aufrichtig dankbar sein. Wohl ist im gegenwärtigen Jahrhundert in Spanien, Deutschland und anderwärts manches geschehen, um den grossen spanischen Dichter der Vergessenheit zu entreissen und eine gerechtere Würdigung desselben anzubahnen. Allein gleichwohl haben die Worte, welche M. Enk im Vorwort zu seinen 1839 erschienenen Studien über Lope de Vega geschrieben, auch heute ihre Giltigkeit noch nicht ganz verloren: „Kein anderer dramatischer Dichter ist weniger gekannt; kein anderer ist bisher, ohne gekannt zu sein, oberflächlicher und verkehrter beurtheilt worden, und der unbekannteste Dichter ist zugleich einer der unzugänglichsten."

Rottweil, 31. Juli 1895.

Der Verfasser.

Inhaltsverzeichnis:

	Seite
Vorwort	1
Erster Abschnitt: Bibliographische Uebersicht über die Lope de Vega-Litteratur. (Mit Beschränkung auf das dramatische Gebiet.)	3
§ 1. Spanische Werke	3
§ 2. Portugiesische Werke	10
§ 3. Französische Werke	12
§ 4. Italienische Werke	15
§ 5. Polnische Werke	17
§ 6. Englische Werke	18
§ 7. Niederländische Werke	19
§ 8. Deutsche Werke	20
Zweiter Abschnitt: Leben und Werke Lope de Vegas. Sein Einfluss auf das Drama ausserhalb Spaniens.	27
§ 1. Leben und Werke Lope de Vegas	27
§ 2. Der Einfluss Lope de Vegas auf das Drama ausserhalb Spaniens. Aufführungen, Nachahmungen, Bearbeitungen und Uebersetzungen seiner dramatischen Werke während des XVII. Jahrhunderts	41
§ 3. Aufführungen, Nachahmungen, Bearbeitungen und Uebersetzungen der dramatischen Werke des Lope de Vega während des XVIII. und XIX. Jahrhunderts	57
§ 4. Uebersicht über die nachgeahmten, bearbeiteten und übersetzten dramatischen Werke des Lope de Vega	63
A. Weltliche Bühnenstücke. (Comedias.)	63
I. Stoffe aus der hl. Schrift und der Legende	63
II. Mythologische Festspiele	64
III. Spanische Geschichte und Sage	64
IV. Geschichte anderer Völker	68
V. Sagenkreise des Mittelalters	69
VI. Novellenstoffe und dramatisirte Novellen	70
VII. Sittengemälde und Charakterdramen	72
VIII. Lustspiele oder Intriguenstücke	74
B. Geistliche Festspiele. (Autos sacramentales.)	77

Erster Abschnitt.
Bibliographische Uebersicht über die Lope de Vega-Litteratur.
(Mit Beschränkung auf das dramatische Gebiet.)

§ 1.
Spanische Werke.
A) Ausgaben der Comedias[1] **(weltl. Bühnenstücke) und Autos sacramentales (geistl. Fest= oder Sacramentsspiele.)**

Las Comedias del Fénix de España Frey Lope Félix de Vega Carpio. 25 Partes. (28 Tomos.) 1604—1647.

> Diese berühmte, teilweise vom Dichter selbst besorgte Sammlung seiner Comedias erschien in den Jahren 1604 bis 1647 unter verschiedenen Titeln und an verschiedenen Orten, wie Madrid (hier alle Teile mit Ausnahme des letzten XXV.), Valencia, Valladolid, Barcelona, Zaragoza, Pampelona, Sevilla, Antwerpen, Brüssel und Lissabon. Abgesehen von den Loas Vorspielen und Entremeses (Zwischenspielen in einzelnen Bänden enthält jeder Teil bezw. Band 12 Comedias, der III. aber von Lope nur 3 und der V. nur 1. Da der XXII. Teil aus 2 und der XXIV. aus 3 verschiedenen Bänden besteht, so enthält diese sehr seltene Sammlung, von welcher keine Bibliothek Europas ein ganz vollständiges Exemplar besitzt, im ganzen 28 Bände mit etwa 290 Comedias des Lope. Ueber die Titel der einzelnen Comedias verweise ich auf Antonio[2] Bibl. hisp. nova II, 76—78. Barrera Catálogo 1860 p. 437—449, N. B. = Nueva Biografia Barreras 1890. an einer Reihe von Stellen von p. 132 an bis p. 522. II. = Hartzenbusch, Ausgabe der Comedias des Lope IV, 537—540. Salvá Catálogo. Valencia 1872 I. p. 536—548 und v. Schack II, 691—697 und 452—454. Ueber Zeit und Ort der Entstehung wird der folgende II. Abschnitt Näheres enthalten.

Lope de Vega Carpio, El peregrino en su patria. Sevilla, Imprenta de Clemente Hidalgo, 1604. (Salvá I, 552 verzeichnet eine weitere Ausgabe zu Barcelona, Sebastian de Cormellas, 1605.)

> Die Sammlung enthält u. a. die 4 Autos: El viaje del alma. Las bodas del alma y el amor divino. La Maya. El hijo prodigo.

---

[1] Nach spanischem Sprachgebrauch bezeichnet das Wort Comedias nicht bloß Lustspiele, sondern auch Schau= und Trauerspiele. Von den Comedias sind streng zu unterscheiden die Autos sacr. = öffentliche, zu Ehren des hl. Altarsacramentes veranstaltete dramatische Festlichkeiten.

[2] Die vollständigen Titel dieser Werke sind je an den betr. Stellen angeführt. Die Aufführung der Werke selbst geschieht in chronologischer Reihenfolge; wo kein Format angegeben ist, ist 8º Format anzunehmen.

La Vega del Parnaso. Por el Fénix de España Frey Lope Félix de Vega Carpio. Madrid, Imprenta del Reyno, 1637. 4°. 4 hojas prels. y 292 foliadas.

Außer anderen Poesien enthält das Werk 8 Comedias Lopes wieder abgedruckt im IX. und X. Band der Obras sueltas, Madrid 1777 und, mit einziger Ausnahme von El amor enamorado, auch von H. in seine Ausgabe aufgenommen.

Fiestas del Santissimo Sacramento, repartidos en doze autos Sacramentales, con sus Loas y Entremeses. Zaragoza, Pedro Verges, 1644. 4°. 4 hojas prels y 142 fols.

Die Titel der im XVIII. Band der Obras sueltas wieder abgedruckten Stücke Lopes erwähnen Barrera p 458. Salvá I, 549 u. Schack II, 698. Antonio II, 78 erwähnt von dieser Sammlung eine Madrider Ausgabe vom gleichen Jahre 1644.

Von größeren Sammelwerken, welche auch Stücke von Lope de Vega enthalten, seien erwähnt:

Seis Comedias de Lope de Vega Carpio y de otros autores, cuyos nombres dellas (sic!) son estos:
1. De la Destruicion de Constantinopla.
2. De la Fundacion de la Alhambra de Granada.
3. De los Amigos enojados. 4. De la Libertad de Castilla.
5. De las Hazañas del Cid. 6. Del Perseguido.

Con licencia de la Sta. Inquisicion y Ordinario. En Madrid, impresa por Pedro de Madrigal. Año 1603. 4°. 272 p.

Diese außerordentlich seltene, die erste gedruckte Sammlung von Stücken Lopes, erwähnt nur Ticknor (Bostoner Ausgabe II, 237. Ticknor-Julius, Supplementband S. 91), der ein Exemplar derselben in der Biblioteca Ambrogiana zu Mailand fand, aber mit einem raschen Durchfliegen des Bandes sich begnügen mußte. Während mir Huerta in seinem Catalogo alle diese 6 Stücke als von Lope herrührend bezeichnet, hält Ticknor Nr. 3 = La amistad pagada, Nr. 4 = El Conde Fernan Gonzalez und Nr. 6 = Carlos el perseguido, also 3 Stücke für Werke Lopes. Höchst wahrscheinlich rührt aber nur Nr. 6 (etwas geändert gegen die Ausgabe von 1604, I. Band der großen Lope-Ausgabe) wirklich von Lope her. Wie mir kürzlich der gegenwärtige Besitzer dieses in der Oeffentlichkeit wieder aufgetauchten Bandes[1] mitteilte, ist Nr. 4 nicht Lopes „El Conde Fernan Gonzalez", sondern ganz verschieden von diesem, und ebenso ist Nr. 5 nicht das gleichnamige Stück des Guillen de Castro.

Comedias de Lope de Vega y otros autores, impresas en diferentes Puntos. (Madrid, Lisboa, Zaragoza, Barcelona, Huesca, Sevilla, Alcalá.) 1603—1645.

Diese Sammlung enthält von Lope etwa 55 Comedias (darunter 5 zweifelhafte). Ueber die Titel derselben vgl. Barrera p. 679—683.

Comedias de diferentes autores, impresas en Zaragoza, Valencia, Barcelona y Huesca 1608(?)—1652.

Von dieser wenigstens 44 Bände umfassenden Sammlung (als Erscheinungsjahr des I. nicht mehr bekannten Bandes vermutet Münch-Bellinghausen, über die älteren Sammlungen span. Dramen S. 36 das Jahr 1608, sind nur mehr 11 in den Jahren 1632—1652 erschienene Bände b.kannt, nämlich Bd. 25, 28, 29, 30, 31, 32, 33, 41, 42, 43 u. 44, welche im ganzen etwa 15 Lopesche Schauspiele enthalten. Ueber die Titel vgl. Münch-Bellinghausen S. 12—38 und Barrera p. 683—697.

Comedias nuevas escogidas de los mejores ingenios de España. Impresas en Madrid 1652—1704.

Diese 49 bändige, überaus wichtige Sammlung, welche die k. k. Hofbibliothek in Wien

---

[1] Als Curiosum und als bezeichnend für den Aestimationspreis solcher Raritäten sei noch angeführt, daß der gegenwärtig im Besitz dieses Bandes befindliche Buchhändler denselben mir um 250 Mark offerierte!

— 5 —

nach Münch-Bellinghausen S. 51 fast vollständig besitzt, (Die Bostoner Bibliothek mit der reichen Sammlung von Ticknor besitzt 40 Bde. Vgl. Whitney, Catalogue, Boston 1879, S. 97, enthält von Lope de Vega im ganzen etwa 30 Comedias (darunter 2 zweifelhafte. Ueber die Titel derselben vgl. Barrera p. 452 und 687—704, Salvá I, 400—413, Whitney p. 97—101, Schack III, 523—544 und Münch-Bellinghausen S. 50—66.

Navidad y Córpus Cristi. Festejados por los mejores Ingenios de España, en diez y seis Autos á lo divino, diez y seis Loas, y diez y seis Entremeses. Representados en esta Corte, y nunca hasta aora impressos. Recogidos por Isidro de Robles. Madrid, Joseph Fernandez de Buendia, 1664. 4°. 4 hojas prels. y 373 págs.

Während die 16 Loas sacramentales dieses sehr seltenen Werkes sämtlich anonym sind, die 16 Entremeses alle von Luis de Benavente verfaßt sind, befinden sich unter den 16 Autos folgende 2 von Lope: El tirano castigado und El Nacimiento de Nuestro Salvador Jesu-Christo. Vgl. Salvá I, 469 und 470.

Colecciones sueltas.[1]) (Sammlungen von Einzeldrucken.)

Aus verschiedenen derartigen Sammlungen zu Córdoba 1613, Barcelona 1630, Tortosa 1638, Valencia 1646, Lisboa 1652 u. Amsterdam 1726 führt Barrera p. 452—453 11 Lopesche Comedias, darunter 2 zweifelhafte auf.

Colección de las obras sueltas, assi en prosa, como en verso, de D. Frey Lope Félix de Vega Carpio. Madrid, 1776—1779. A. de Sancha. 21 Tomos. 4°.

Dieses große, hauptsächlich die nichtdramatischen Werke des Dichters enthaltend Sammelwerk enthält außer der „Dorotea", Accion en prosa, im VII Bande (XIV, 463 p. : Lopes „El castigo sin venganza" im VIII. Bande (p. 379—187, sodann den Wiederabdruck der 8 Comedias in La Vega del Parnaso, Madrid 1637, im IX und X. Bande, „La niñez de San Isidro" und „La juventud de San Isidro" im XII. und endlich den Wiederabdruck der im Jahr 1644 zu Madrid und Zaragoza veröffentlichten 12 Autos sacramentales, con sus loas y entremeses im XVIII. Bande.

Colección de las mejores Comedias de Lope de Vega. Tomo primero. (Der einzige, der erschienen ist.) Madrid (ohne Angabe des Druckers) 1805. 4°. 349 p.

Die Sammlung enthält 10 Comedias Lopes, deren Titel Salvá I, 551 anführt.

Comedias escogidas de Frey Lope Félix de Vega Carpio. Madrid, D. M. Ortega, 1826—1832. 4 vols.

Diese Sammlung enthält 16 Comedias, je 4 in 1 Bande. Ueber die Titel derselben vgl. Salvá I, 551 und Whitney, Catal. p. 391.

Teatro antiguo español. Madrid, D. F. Grimaud de Velaunde, 1837. 16°.

Nach Salvá I, 514 wurden nur 7 Comedias veröffentlicht, darunter 2 von Lope: „Los enredos de Celauro" und „El rufian Castrucho".

Comedias escogidas de Frey Lope Félix de Vega Carpio, juntas en colección y ordenados por D. Juan Eugenio Hartzenbusch. 4 tomos. 4°. Biblioteca de autores esp. Madrid, Rivadeneyra, 1853—1860.

Der I. Band, XXXII, 590 p. enthält 27, der II. 592 p. 27, der III. 650 p. 32 und der IV. Band XXXII. 592 p. 24 Comedias des Dichters, also zusammen 110 (mit Einschluß der „Dorotea" im II. Bande).

Autos sacramentales desde su origen hasta fines del siglo XVII. Colección escogida por D. Ed. Gonzalez Pedroso. 4°. Madrid, Rivadeneyra, 1865.

Die Sammlung enthält p 147—201 von Lope de Vega die 5 Autos: Representación moral del viaje del alma. Del pan y del palo. La siega. El Pastor lobo y cabaña celestial.

---

1) In Betreff der sonstigen Comedias sueltas (Einzeldrucke), deren große Zahl sich auch nicht annähernd bestimmen läßt, verweise ich auf Barrera p. 453—455 und Schack II, 703—705. In Betreff der Manuscripte Lopescher Comedias vgl. II. IV, 511—515. Ueber die Comedias dudosas vgl. Barrera p. 455—456.

Comedias inéditas de Frey Lope de Félix Carpio. Tomo primero. Madrid, M. Rivadeneyra, 1873, 12º. XV, 494 p.

Dieser 1. und einzige Band enthält folgende 4 Stücke: Amor, pleito y desafio. Amor con vista. La prueba de los amigos. Un pastoral albergue.

Lope de Vega. Obras escogidas. Madrid, Biblioteca nacional económica, 1875. 240 p.

Auf eine kurze Biographie des Dichters folgen p. 7—186 die beiden Dramen: El castigo sin venganza und El mejor alcalde el Rey.

Obras de Lope de Vega, publicadas por la Real Academia Española. Madrid, Sucesores de Rivadeneyra, 1890—1894. Bis jetzt sind 4 Bände (Fol.) erschienen:

Tomo I. Nueva Biografía por D. Cayetano Alberto de la Barrera. 1890. 717 p.

Tomo II. Autos y Coloquios. 1892.

Auf die Observaciones preliminares p. IX—LXXXVI des Herausgebers M. Menéndez y Pelayo folgen p. 1—613 32 Autos y Coloquios, darunter 11, welche bisher noch nicht ediert sind, oder von welchen wenigstens nicht feststeht, daß sie je gedruckt worden sind.

Tomo III. Autos y Coloquios (Fin.) Comedias de asuntos de la sagrada escritura. 1893.

Dieser Band enthält nach dem Observ. prelim. von Menéndez y Pelayo p. IX—LXXX 8 unzweifelhaft echte Autos von Lope de Vega und 5 andere, welche mit mehr oder weniger Grund ihm zugeschrieben werden, (p. 1—172 und 593—607), sodann 8 Comedias biblicas von unzweifelhafter Echtheit und 4 andere, welche, sei es im Druck oder Manuscript, unter Lopes Namen überliefert sind (p. 173—585). Also im ganzen abgesehen von einer kurzen Loa sacramental: Titulos de las Comedias de Lope de Vega p. 587—591 25 dramatische Stücke, unter diesen 15 bisher unedierte.

Tomo IV. Comedias de vidas de santos. 1894.

Observaciones prelim. von Menéndez y Pelayo p. IX—CXXV. Hierauf folgen (p. 1 bis 591) 16 Comedias, darunter bisher unedierte:
1, La Gran Columna fogosa, San Basilio Magno.
2, El Animal Profeta y Dichoso parricida San Julián.
3, Comedia de San Segundo.

B) Litterarhistorische Schriften.

Fama póstuma á la vida y muerte de Lope de Vega Carpio, y elogios panegyricos á la inmortalidad de su nombre. Escritos por los mas esclarecidos ingenios solicitados por Juan Perez de Montalvan. Madrid, Imprenta del Reyno, 1636. 4º. 12 hojas prelim. 211 foliadas.

Das Werk, wiederabgedruckt im XX. Bande der Obras sueltas, Madrid 1779, ist nach Salva I, 549 ein wahrer Cancionero auf den Dichter, und schließt mit einer Comedia „Honras á Lope de Vega en el Parnaso".

Luzan, Ignacio de. La poetica, ó reglas de la poesia en general, y de sus principales especies. Zaragoza: F. Revilla. 1737. (27), 503 p.

Im III. Buche seines Werkes, das p. 271—430 über die „Tragedia y comedia y otras poesias dramáticas", handelt, bespricht Luzan an einer Reihe von Stellen auch Lope de Vega als Dramatiker und zwar, weil beherrscht von den Grundsätzen der französischen, sog. klassischen Schule, meist tadelnd, so p. 366—367, 384, 413—415, 419—420. Doch rühmt er wenigstens p. 411 an dem Dichter „la natural facilidad de su estilo y la suma destreza, con que en muchas de sus comedias se ven pintadas las costumbres y el carácter de algunas personas".

[Blas Antonio Nasarre.] Comedias y entremeses de Miguel de Cervantes Saavedra. Con una dissertación ó prólogo sobre las Comedias de España. Madrid, Antonio Marin, 1749, 2 vols. 4°.

Im Prologo (26 Blätter ohne Paginierung, mit der Signatur A—D 2) greift N. von seinem einseitigen Standpunkte aus wiederholt Lope de Vega als „Verderber der Bühne" heftig an.

[Zabaleta, Tomás.] Discurso crítico sobre el origen, calidad y estado presente de las comedias de España contra el dictamen, que las supone corrompidas, y en favor de sus mas famosos escritores Lope Félix de Vega Carpio y Pedro Calderón de la Barca. Escrito por un ingenio de esta corte. Madrid: J. de Zuñiga. 1750. 4°. (73), 285, (10) p.

Ebenso geistreich als energisch verteidigt Zabaleta, welcher unter dem Namen eines „Ingenio de esta corte" schreibt, außer Calderón auch Lope de Vega gegen die Angriffe seiner litterarischen Gegner, so namentlich p. 152—187. Das Werk erschien bei dem damaligen Ueberhandnehmen einer einseitigen, französisirenden Geschmacksrichtung als eine durchaus zeitgemäße Verteidigungsschrift der beiden großen span. Dichter, oder wie Z. selbst p. 281 sich ausdrückt „en favor de nuestros agraviados Calderón y Lope, ínclitos, famosos y siempre venerados principes y maestros de la poesía cómica".

Montiano y Luyando, D. Agustin de. Discurso sobre las tragedias españolas. Madrid: Imprenta del Mercurio, por Joseph de Orga, 1750.

Ueber Lope und einzelne seiner Comedias handeln p. 47—57.

Velasquez de Velasco, Luis José. Orígenes de la poesia castellana. Malaga: F. Martinez, 1754. 4°.

Vel. bespricht p. 107—111 von seinem einseitigen Standpunkt aus Lope als einen „Verderber" des spanischen Theaters und tadelt namentlich, daß man in seinen Comedias die Einheit von Handlung, Zeit und Ort vermisse.

(Antonio, D. Nicol.) Bibliotheca Hispana nova sive Hispanorum scriptorum, qui ab anno MD ad MDCLXXXIV. floruerunt, notitia. Auctore D. Nicolao Antonio Hispalensi. Nunc primum prodit recognita, emendata, aucta ab ipso auctore. (Gross Folio.) Tomus I. (14) XXIII, 830 p. Tomus II. 669 p. Matriti apud Joachim de Jbarra. 1783. 1788.

Dieses berühmte, heutzutage zu einer litterarischen Seltenheit gewordene Werk handelt p. 74—78 über Lupus Félix de Vega Carpio, „quem comœdia Hispana primum fere auctorem, ac sine controversia principem, agnoscit" p. 74 und bringt u. a. die ersten bibliographischen Angaben über Lopes Werke, besonders die älteste Ausgabe seiner Comedias, wobei er aber alle in diese Sammlung aufgenommenen Stücke fälschlich dem Lope zuschreibt.

Lampillas, D. Xavier. Ensayo histórico apologético de la literatura española contra las opiniones preocupadas de algunos escritores modernos Italianos. Traducido del italiano por Doña Josefa Amar y Borbon. Segunda edición, corregida, enmendada, é ilustrada con notas, por la misma Traductora. Madrid, Pedro Marin, 1789. 7 tom.

L. bespricht an verschiedenen Stellen seines Werkes Lope de Vega und nimmt ihn gegen die Angriffe Tiraboschis und Signorellis in Schutz, z. B. tom. V, 53—54, 101—102. tom. VI, 170—176, 218—226.

Alvarez y Baena, José Antonio. Hijos de Madrid, ilustres en santidad, dignidades, armas, ciencias y artes. Madrid, D. Benito Cano, 1789, 1790, 1791. 4 tom. 4°.

Tomo III, 350 ff. enthält eine Biographie von Lope de Vega.

Hugalde y Parra, Man. García de Villanueva. Origen, epocas y progresos del teatro español: Discurso histórico. Madrid: Gabr. de Sancha 1802.
: Das Buch handelt über Lope p. 273—285.

Pellicer, D. Casiano. Tratado sobre el origen y progresos de la comedia y del histrionismo en España. Madrid, En la Imprenta de la Administración del Real Arbitrio de Beneficencia, 1804. 2 tom.
: P. handelt an verschiedenen Stellen seines Werkes über Lope, z. B. I, 123—124. 161 bis 168. 170—178. 229—235.

Navarrete, D. Martin Fernandez de. Vida de Miguel de Cervantes Saavedra. Con varias noticias y documentos inéditos pertenecientes á la historia y literatura de su tiempo. Publicala La Real Academia española. Madrid, Imprenta Real, 1819.
: N. erwähnt an einer großen Anzahl von Stellen Lopes Leben und Werke, z. B. p. 272, 276, 465—472. 492.

Viardot, M. Luis. Estudios sobre la historia de las instituciones, literatura, teatro y bellas artes en España. Traducida por Don Manuel del Cristo Varela. Logroño, Impr. de Ruiz, 1841.
: V. handelt über Lope als dramatischen Dichter p. 237—241.

Revista de España y del Estranjero. Director y Redactor principal Don Fermin Gonzalo Moron. Tomo VII. Madrid, Imprenta Plazuela de San Miguel, 1843.
: In seinem „Ensayo historico — filosofico sobre el teatro antiguo español" bespricht Moron an einer Reihe von Stellen Lope de Vega, z. B. p 54—56, 112—125. 186—192. 250—256. 282—302. Den Unterschied zwischen Lope und Calderon bezeichnet M. treffend p. 305—306 mit den Worten „Si Lope de Vega se distingue por la fluidez del verso, la invención, la dignidad y dulzura de los sentimientos, Calderón es el poeta que refleja mejor las ideas, creencias y costumbres de los españoles. Es por escelencia el poeta del honor y de la religion."

Lista y Aragon, D. Alberto. Ensayos literarios y críticos. 2 tom. Sevilla, Calvo-Rubio, 1844.
: Im II. Bande nimmt der Verfasser an verschiedenen Stellen auf Lope Bezug, so besonders in seinem Abschnitt „De las formas del teatro ingles y del espanol" p. 62—69.

Lombia, D. Juan. El teatro Origen, índole é importancia de esta institución en las sociedades cultas. Madrid, Sanchiz, 1845.
: Biografia de Lope de Vega p. 45—56. Apologia de los autores dramaticos del siglo XVII (unter ihnen in erster Linie Lope de Vega) p. 57—72.)

Moratin, D. Leandro Fernandez de. Orígenes del teatro español. Aufgenommen in: Obras de D. Nicolas y D. Leandro Fern. de Moratin (p. 147 — 305.) Madrid, M. Rivadeneyra, 1846.
: M. bespricht p. 163, 164 und 177 Lope de Vega und verteidigt ihn gegen die Angriffe des Blas Nasarre.

Lista, Don Alberto. Lecciones de literatura española. 2 tom. Madrid, D. José Cuesta, 1853.
: Tomo I p. 193-287 (lecc. 10—14) sind Lope gewidmet, an dem Lista p. 211 als Hauptvorzug rühmt: „la fecundidad en inventar situaciones dramáticas interesantes, motivadas en los caractéres y antecedentes de los personages."

— 9 —

Ticknor, M. G. Historia de la literatura española. Traducida al castellano, con adiciones y notas críticas, por D. Pascual de Gayangos y D. Enrique de Vedia. 4 tom. Madrid, M. Rivadeneyra, 1851—1856.
Ueber Lope handelt tom. II, 256—397.

Mesonero Romanos, Don Ramon. Dramáticos contemporáneos á Lope de Vega. Tomo primero Madrid, Rivadeneyra, 1857.
In seinem Discurso preliminar p. VI—XV nimmt M wiederholl auf Lope Bezug und nennt ihn p. VII „declarado verdadero jefe y dominador de la escena española."

Barrera y Leirado, D. Cayetano Alberto de la. Catálogo bibliográfico y biográfico del teatro antiguo español, desde sus orígenes hasta mediados del siglo XVIII. Obra premiada por la Biblioteca Nacional. 4º. Madrid, M. Rivadeneyra, 1860.
Dieses gründliche Werk behandelt p. 419—458 außer dem Leben des Dichters besonders die zahlreichen Ausgaben seiner Comedias und Autos.

Gallardo, D. Bartolomé José. Ensayo de una biblioteca española de libros raros y curiosos, formado con los apuntamientos. Coordinados y aumentados por D. M. R. Zarco del Valle y D. J. Sancho Rayón. Obra premiada por la Biblioteca Nacional. 4 tom. 4º. tom. I und II Madrid, M. Rivadeneyra, 1863. 1866. tom. III. u. IV, Madrid, Manuel Tello, 1888. 1889.
Ueber seltene Ausgaben Lopescher Werke, darunter auch verschiedener Comedias und Autos handelt Bd. IV, Sp. 963—978 u. 1565.

Fillol, D. José V. Sumario de las lecciones de un curso de literatura general y principalmente española. Segunda edición. Valencia, José Domenech, 1865.
Ueber Lope val. Lección LXV, p. 468—474.

Guerra y Orbe, D. Luis Fernandez. D. Juan Ruiz de Alarcón Mendoza. Obra premiada en público certamen de la Real Academia española. Madrid, M. Rivadeneyra, 1871.
Das Werk enthält von p. 30 au bis p 496 zahlreiche, wichtige Beiträge zur Beurteilung Lopes und seines Charakters, welchen G. y O. streng beurteilt.

Salvá y Mallen Catálogo de la biblioteca de Salvá. Escrito por D. Pedro Salvá y Mallen, y enriquecido con la descripción de otras muchas obras, de sus ediciones, etc. Tomo I: XXXII, 706 p. Tomo II: 9'0 p. 4º. Valencia, Ferrer de Orga, 1872.
Dieses berühmte, bereits zu einer Seltenheit gewordene bibliographische Werk handelt mit großer Genauigkeit und Gründlichkeit über alte und seltene Ausgaben der Comedias und Autos Lopes in Band I. p 536—553. (Nr. 1466—1483.)

Últimos amores de Lope de Vega Carpio, revelados por él mismo en cuarenta y ocho cartas inéditas y varias poesías. Madrid: José María Ducazcal, 1876. 246 p.
Der Herausgeber dieser bisher noch nicht veröffentlichten Briefe nennt sich erst am Schluß p. 241 als José Ibero Ribas y Canfranc.

Espino, D. Romualdo Alvarez. Ensayo histórico-crítico del teatro español, desde su origen hasta nuestros dias. Cádiz, Tip. La Mercantil, 1876.
Ueber Lope handelt Capitulo VII, 109—125 u. VIII, 126—127.

Cano, D. Rafael. Lecciones de literatura general y española. 2 part. Palencia, Peralta y Menendez, 1877.
> P. 288—298 besprechen Lope, nach C. p. 288 „et verdadero reformador y en algun modo creador de nuestro teatro."

Beristain y Souza, D. José Mariano. Biblioteca Hispano Americana Setentrional. Segunda edición publicala Fort. Hip. Vera. 3 tomos. Amecameca, Tip. del Colegio cat. 1883. 4°.
> Der Verfasser dieses wichtigen bibliogr. Werkes (die I. Ausgabe erschien 1815—1821 zu Mexico) erwähnt Tomo I, 58 D. Bartolomé Alva, „natural de Mejico y descendiente de los Reyes de Tezcuco, bachiller teologo", welcher u. a. im Jahr 1641 2 Comedias des Lope de Vega: „El animal profeta y dichoso parricida" und „La madre de la mejor" und außerdem Calderons berühmtes Auto „El gran teatro del mundo" (von Ber. irrthümlich auch als Comedia Lopes bezeichnet) in merikanischer Uebersetzung herausgegeben habe. Die betr. Uebersetzungen hat Ber. in der Bibliothek des Collegiums de S. Gregorio in Mexico gefunden und eingesehen.

Revilla, D. Manuel de la, y D. Pedro Alcántara García. Principios generales de literatura é historia de literatura española. 2 tom. Madrid, Fr. Yravreda, 1884.
> Tomo II., verfaßt von Alcántara G., Lección XXXIX p. 472—497 ist Lope gewidmet.

Schack, Conde de, Adolfo Federico. Historia de la Literatura y del arte dramático en España, traducida directamente del alemán al castellano por Eduardo de Mier. 5 tom. 12°. Madrid, M. Tello, 1885—1887.
> Ueber Lope handeln Tom. II, 303—471 und tom. III, 2—207.

Al-Deguer, Juan García, y H. Giner de los Ríos. Curso de literatura española. Apuntes crítico-biográficos y trozos selectos. Madrid, Biblioteca Andaluza, 1889.
> Ueber Lope vgl. p. 328—339.

Castro, D. Francisco Sánchez de. Lecciones de literatura general y española. Parte I: Literatura general. Segunda edición. Parte II: Literatura española. (Obra póstuma). Madrid, Pérez Dubrull, 1890.
> Ueber Lope als Dramatiker handelt kurz P. I. p. 316. 317. 320; ausführlicher P. II. p. 366—377.

Barrera, D. Cayetano Alberto de la. Nueva Biografía de Lope de Vega Carpio. Madrid, Sucesores de Rivadeneyra, 1890. 718 p.
> Das weitaus wichtigste und umfangreichste Werk über das Leben und die literarische Wirksamkeit des Dichters, über die Entstehung und Herausgabe seiner Werke. Von großer Wichtigkeit sind auch die Adiciones p. 613—697 zu dem bereits 1864 verfaßten, aber erst 1890 veröffentlichten Werke.

Menéndez y Pelayo, M. Observaciones preliminares der bisher erschienenen Tomos II, III und IV, Madrid 1892, 1893 u. 1894 (vgl. oben S. 6.).
> Durch Gründlichkeit und Gediegenheit ausgezeichnete Einleitungen zu den in den betr. Bänden herausgegebenen Autos und Comedias des Dichters.

§ 2.
Portugiesische Werke.

Es ist auffallend, wie wenig der große spanische Dichter in dem stammverwandten Portugal bis jetzt gewürdigt worden ist. Wohl nur dem Umstand, daß Portugal vom Jahre 1581 bis 1668 unter spanischer Herrschaft stand, ist es zuzuschreiben, daß eine Anzahl von Comedias des Lope de Vega in Portugals Hauptstadt Lissabon im Druck herauskam, so die folgenden:

— 11 —

Seis comedias de Lope de Vega Carpio. En Lisboa por Pedro Crasbeeck. Año
de 1603. A costa de Francisco Lopez.
 Diese überaus seltene, bei Schack (III. Nachträge S. 40) erwähnte Sammlung ist im
Wesentlichen identisch mit der bereits unter den span. Werken S. 4) besprochenen Ausgabe
von Madrid (P. Madrigal 1603).

Segunda parte de las Comedias de Lope de Vega Carpio. Lisboa, Pedro
Crasbeeck, 1612. 4º. 4 hojas prels. y 342 foliadas.
 In dem portugiesisch geschriebenen Prolog, welcher dem Druck der 12 Stücke vorausgeht,
wird bemerkt, daß bereits mehr als 500 Comedias des Lope aufgeführt worden seien. Vgl.
Salva I, 537.

Comedias de los mejores y mas insignes poetas de España. Lisboa,
1652. 4º.
 Der Band enthält nach Salva I, 417 von Lope die 2 Stücke: La batalla del honor und
El ejemplo mayor de la desdicha.

 Von portugiesischen Uebersetzungen Lope'scher Stücke ist mir nichts bekannt geworden, eben=
sowenig von einem eigens dem Dichter gewidmeten portugiesischen Werke. Mehr gelegentliche Er=
wähnungen Lope de Vegas finden sich in folgenden Schriften:

Braga, Theophilo. Historia do theatro portuguez. Tomo I, Vida de Gil Vicente, e
sua eschola, seculo XVI. Porto, 1870.
 Braga, ein begeisterter Verehrer des span. Dichters, bespricht p. 194—198 Lopes Auto „El
viaje del alma" und seine Beziehungen zu Gil Vicentes Auto „da Barca da Gloria. Vgl.
Obras de Lope de Vega II, Madrid 1892, p. XXXI f.

Braga, Theophilo. Estudos da Edade media. Philosophia da litteratura. Porto e
Braga. Livraria Internacional de Ernesto Chardron e Eugenio Chardron,
1870·
 Erwähnungen Lopes finden sich: p. 183, 184, 210, 221 und 247.

Ribeiro, José Silvestre. Don Pedro Calderon de la Barca. Rabido esboço da sua
vida e escriptos. Lisboa, por orden e na typographia de Academia Real das
sciencias, 1881.
 An verschiedenen Stellen z. B p. 7, 8, 16, 57, 63 u. 65 nimmt R. auch auf Lope de Vega
Bezug.

Andrade, Anselmo de. Viagem na Espanha. Lisboa, Typographia Mattos Moreira,
1885.
 Ueber Lope de Vega vgl. p. 30 und 331. Bemerkenswert ist, was A. p. 30 über die
gegenwärtig in Spanien herrschende Theaterrichtung schreibt: „Herreros, Ventura, Ayala,
Tamayo, Gutierrez e Echecarria vão succedendo áquelles mestres insubstituiveis na fecundidade, porque só um Lope de Vega, um Calderon e um Tirso de Molina puderam es-
crever milhares de peças. Essa fecundidade é porém supprida pelas traducções. Com
a comedia nacional representa-se o vaudeville. Com a zarzuela a opereta. O gosto
francez vae invadindo theatro espanhol na sua maré sempre crescente.

Carvalho, Coelho. Viagens. Madrid, Barcelona, Nice, Monaco. Cartas e notas de-
stinadas a Cesario Verde em 1884. Lisboa, Livraria de Antonio Maria Per-
eira, 1888.
 Ueber Lope de Vega handeln p. 73, 109, 115 u. 116.

§ 3.
Französische Werke.

A. Ausgaben.

Ochoa, Eugenio de. Tesoro del teatro espaňol. Tomo segundo. Teatro escogido de Lope de Vega. Paris, Baudry, 1838. VII. 651 p.

Die Sammlung enthält 20 Comedias des Dichters nebst kurzen Einleitungen zu denselben.

B. Bearbeitungen und Uebersetzungen[1]) (mit Einschluss der Auszüge Perrons).

Perron de Castera, M. du. Extraits de plusieurs pièces du théâtre espagnol; avec des réflexions et la traduction des endroits les plus remarquables. Paris, Pissot, 1738. 3 vol. 160. 131. 168 p.

Vol. I. enthält die Extraits von Lopes „Los donayres de Matico" (p. 11—50, und Castelvines y Monteses" (p. 51—103). Ausserdem 2 Zwischenspiele des Dichters p. 104—160. Vol. II. enthält die Extraits von „La pobreza de Reynaldos" (p. 1—40), „Los novios de Hornachuelos" (p. 41—87) und „El rey Wamba" p. 88—131). Vol. III. „La amistad pagada" (p. 1—52), „El nacimiento de Urson y Valentin (p. 53—88, und „El nuevo Pitágoras" (p. 89—168).

(Linguet, Henry.) Théâtre espagnol. Paris, Hansy, le jeune. 1770. 4 tomes.

Der I. Band des zu einer literarischen Seltenheit gewordenen Werkes enthält nach der Widmung „A l'Académie espagnole" (p. I—X) und einem sehr interessanten „Avertissement" (p. XI—XLVI) über die Bedeutung des span. Dramas, in welchem namentlich auch die ungerechten Angriffe des Blas Nasarre gegen Lope und Calderon kurz und schlagend zurückgewiesen werden, die freie Uebersetzung oder Bearbeitung folgender 3 Comedias des Lope:
1) La esclava de su galan: La constance à l'épreuve p. 47—171.
2) El dómine Lucas: Le précepteur supposé p. 173—290.
3) La dama melindrosa: Les vapeurs, ou la fille délicate p. 291—402. Der Schluss des letzteren Stückes ist nicht mehr übersetzt, vgl. p 401—4(?).

Chefs d'oeuvre du théâtre espagnol. Lope de Vega. Paris, Ladvocat, 1822. 2 tomes. Tome I. CVIII, 383 p. T. II. 504 p.

Tome I enthält nach der „Vie" und „Poétique" de Lope de Vega die Uebersetzung (nebst Notice) folgender 3 Stücke durch A la Beaumelle: 1) Arauco domado: L'Arouque dompté (p. 1—134), 2) Fuente-Ovejuna: Fontovejune (p. 135—257). 3) Porfiar hasta morir: Persévérer jusqu'à la mort (p. 279—383). Tome II. enthält die Uebersetzung von 4 Stücke: 1) La fuerza lastimosa: Amour et honneur (p. 1—126) durch J. Esmenard. 2) El perro del hortelano: Le chien du jardinier (p. 127—270) durch A la Beaumelle. 3) La niňa de plata: La perle de Seville (p. 271—386) durch J. Esmenard und endlich 4) El mejor alcalde el rey: El meilleur alcade est le roi (p. 387—504) durch A la Beaumelle.

Théâtre européen. (choix) 2 vols. Paris, 1835.

Der II. Band enthält u. a. „Lopes El molino: Le moulin. Diese Sammlung kenne ich nur aus der Anführung in der Bibliothèque Cardinal. Paris, Impr. Charaire et fils, 1888 Sp. 873.

Lafond, Ernest. Étude sur la vie et les oeuvres de Lope de Vega. Paris, Librairie nouvelle, 1857.

P. 349—513 enthalten die Uebersetzung von Las flores de Don Juan: Les fleurs de Don Juan.

---

[1], Vor einigen Jahren fand ich in einem Utrechter antiquar. Catalog angezeigt: Le théâtre espagnol, ou les meilleures comédies, des plus fameux auteurs espagnols. trad. en françois. La Haye 1700. 14°. Ich konnte aber die Sammlung, welche wohl auch Uebersetzungen aus Lope de Vega enthält, nicht mehr bekommen.

Barot, M. Eugène. Oeuvres dramatiques de Lope de Vega. Traduction. Avec une étude sur Lope de Vega, des notices sur chaque pièce et des notes. Deuxième édition. 2 tomes. Paris, Didier, 1874.
Tome I. Dramos enthält nach der Introduction über Lope p. I—XXXII die Uebersetzung folgender 7 Stücke: 1) La estrella de Sevilla: L'étoile de séville (p. 1—62). 2) El mejor alcalde el rey; Le meilleur alcade est le roi (p. 63—126). 3) La fuerza lastimosa; Amour et honneur (p. 127—204). 4) El cavallero de Olmedo; Le cavalier d'Olmedo (p 205—272). 5) El casamiento en la muerte: Le mariage dans la mort (p. 273—333). 6) El castigo sin vengaoza: Le châtiment sans vengeance (p. 335—399). 7) El basterdo Mudarra; Mudarra le bâtard (p. 401—474). Tome II Comedies enthält ebenfalls 7 Stücke: 1) Los melindres de Belisa: Les caprices de Belise (p. 1—89). 2) El acero de Madrid: L'eau ferré de Madrid (p. 91—175). 3) El perro del hortelano: Le chien du jardinier (p. 177—263) 4) Lo cierto por lo dudoso: Le certain pour l'incertain (p. 266—342). 5) La moza de cántaro: La demoiselle servante (p. 343—414). 6) Amor sin saber à quién: Aimer sans savoir qui (p. 415—501). 7) La boba para los otros y discreta para si : La fausse ingenue (p. 503—570).

Hinard, Damas M. Théâtre de Lope de Vega, Traduit. Avec une introduction et des notes. 2 tomes. Paris, Charpentier, 1881. (Die erste Ausgabe erschien bereits 1842 zu Paris.)
Tome I enthält nach einer längeren Einleitung über das Leben und die Werke Lopes (p. I—LXXII) die Uebersetzung von 4 Comedias und 1 Entremese:
1) El molino: Le moulin (p. 1—74.) 2) El perro del hortelano: Le chien du jardinier (p. 75—155). 3 El mejor alcalde el rey: Le meilleur alcalde est le roi (p. 156—216). 4) El nuevo mundo descubierto pór Cristóbal Colon: La decouverte du nouveau monde par Christophe Colomb (p. 217—282). 5) El robo de Eleua: L'enlévement d'Hélène. Intermède (p. 283—290). Tome II. enthält 5 Comedias: 1) El anzuelo de Fenisa: L'hameçon de Phéoice (p. 1 — 86). 2. Fuente ovejuna: Fontovéjune (p. 87—152). 3. Los trabajos de Jacob: Les travaux de Jacob (p. 153—203). 4) La niña de plata: La balle aux yeux d'or (p. 204—275). 5) Amor sin saber à quién: Aimer sans savoir qui (p. 276—350).

Lope de Vega Carpio. La Dorotea. Action en prose, traduite par C. B. Dumaine. 458 p. Paris, Alph. Lemerre, 1892.
Der Uebersetzung dieses Lieblingswerkes Lopes ist ein längeres „Avertissement" p. 1 bis 110 vorausgeschickt.

C) Litterarhistorische Schriften.

(Parfait, frères.) Histoire du théâtre françois, depuis son origine jusqu'à présent. Avec la vie des plus célèbres poëtes dramatiques, un Catalogue exact de leurs pièces, et des notes historiques et critiques. 15 tomes. 1734—1749. T. I. Paris, Morin et Flahault, t. 2 Paris, Le Mercier et Flahault, t. 3—15. Paris, Le Mercier et Saillant.
An einer Reihe von Stellen handelt das wichtige Werk über die Nachahmungen Lopescher Comedias durch französische Dramatiker, z. B. Tome IV, 417—419. VI, 411—415. VII, 304 —308. X, 122—125.

Riccoboni, Louis. Réflexions historiques et critiques sur les différens théâtres de l'Europe. Paris, Jacques Guerin, 1738.
In dem Abschnitt Théâtre espagnol p. 56—83 erwähnt R. wiederholt, z. B. p. 66, 67, 76, 77, 82, 83, Lope de Vega und seine und überhaupt des spanischen Theaters staunenswerte Fruchtbarkeit: „Ainsi on peut regarder le théâtre espagnol come une source intarissable pour toutes les nations". p. 77.

Brunet, Jaqu. Ch. Manuel du libraire et de l'amateur de livres. Supplément. 3 tom. Paris, Silvestre, 1834.
Tome III, 381—383 handelt über alte Ausgaben Lopescher Werke.

Sismondi, Simonde de. Littérature du Midi de l'Europe. 2 vol. Aix-la-Chapelle, L. Kohnen, 1837. (Eine ältere Ausgabe erschien bereits 1813 zu Paris 4 vol.)

Ueber Lope de Vega handelt S. in vol. II, 341—361. P. 344 bemerkt er über Lope: „Donna seul plus de pièces à l'Espagne que n'en possèdent peut-être tous les autres théâtres réunis."

Fauriel, C. C. Les amours de Lope de Vega. Revue des deux Mondes, tome 19. quatr. Série, 1. Sept. 1843. p. 594—623.

Puibusque, Adolphe de. Histoire comparée des littératures espagnole et française. 2 tomes. Paris, Dentu, 1843.

P., ein begeisterter Verehrer Lopes, bespricht den Dichter und seinen ungeheuren Einfluß auf das französische Theater besonders Tome I, 325—327 u. II, 120—124, 154—161, 411—415, 461—463, 473—477 und 514.

Piferrer, M. F. Tableau de la littérature espagnole. Paris, Baudry, 1845.

Ueber Lope vgl. p 275—288.

Chasles, Philarète. Études sur l'Espagne et sur les influences de la littérature espagnole en France et Italie. Paris, Amyot, 1847.

Ch. erwähnt auffallenderweise nur beiläufig Lope, wie p. 116, 118, 122, 225 und 228.

Rénal, A. Les illustrations littéraires de l'Espagne. Esquisses biographiques 12°. Paris, 1849.

Das vergriffene, mir nicht zugänglich gewordene Buch handelt wie über Cervantes und Calderon, so auch über Lope de Vega.

Baret, Eugène. Espagne et Provence. Études sur la littérature du Midi de l'Europe. Paris, Aug. Durand, 1857.

In dem Abschnitt „De l'imitation espagnole en France au dix-septième siècle" p. 201 bis 228 wird wiederholt auch Lope als Vorbild der franz. Dramatiker erwähnt; ebenso in dem Abschnitt: „Les trois unités et le théâtre espagnol" p. 229—262.

Lafond, Ernest. Étude sur la vie et les oeuvres de Lope de Vega. Paris, Librairie nouvelle, 1857. 513 p.

P. 1—74 behandeln das Leben des Dichters, p. 75—130 Lope als lyrischen, p. 131—347 als dramatischen Dichter (Analysen von 12 Comedias). Der Schluß p. 349—513 enthält, wie schon oben bemerkt, die Uebersetzung von Lopes „Las flores de Don Juan."

Ticknor, G. Histoire de la littérature espagnole. Traduite de l'anglais en français pour la première fois par J. G. Magnabal. 3 vol. Paris, vol. 1 A. Durand, vol. 2 u. 3. Hachette, 1864. 1870. 1872.

Vol. II, 201—345 bespricht Lope de Vega.

Fournier, Édouard. L'Espagne et ses Comédiens en France au XVIIe siècle. (Extrait de la Revue des Provinces, du 15. septembre 1864.) Paris, Dupray de la Mahérie, 1864.

F. handelt p. 13—16 von Nachahmungen span. Dramatiker, darunter auch des Lope de Vega, durch die Franzosen.

Zárate, Antonio Gil de. Manual de litteratura. 7. Edición. Paris, Garnier hermanos, 1865.

P. 407—431 sind Lope de Vega gewidmet. Von seinen Comedias ist „La estrella de Sevilla" ausführlich (p. 419—426) mit zahlreichen Auszügen aus dem span. Text behandelt.

Fée, A. Études sur l'ancien théâtre espagnol. Paris, Firmin Didot, 1873.

Der Abschnitt „Sur les grands auteurs dramatiques espagnols" p. 149—202 nimmt wiederholt auf Lope Bezug, besonders p. 195—202.

Bougeault, Alfred. Histoire de littératures étrangères. Tom II. Littér. ital. Littér. espagn. Littér. portug. Littér. grecque moderne. Paris, E. Plon, 1876.
> Ueber Lope de Vega vgl. p. 343—351. B. nennt L. p. 348 „un grand peintre de moeurs" und seine Charaktere „frappants de verité et de naturel".

Viel-Castel, Louis de. Essai sur le théâtre espagnol. 2 tomes. Paris, G. Charpentier, 1882.
> Dieses Werk, welches schon 1840 abgefaßt war, (1840, 41 u. 46 erschien von ihm eine Reihe ziemlich beträchtlicher Fragmente als Artikel in der Revue des deux Mondes) erschien 1882 laut Vorrede des Verfassers p. III. „sauf d'insignifiantes rectifications et quelques notes explicatives, tel qu'il était en 1840" und bespricht Lope und seine Werke tome I, 25—184.

Demogeot, J. Histoire des littératures étrangères. Littératures méridionales. Italie. Espagne. II. Édition. Paris, Hachette, 1884.
> Ueber Lope de Vega handeln p. 282—301.

Morel-Fatio, Alfred. La comedia espagnole du XVIIe siècle. Paris, F. Vieweg, 1885. 40 p.
> M.-F. nimmt wiederholt auf Lope de Vega „le père du nouveau drame" p. 13 und seine Bedeutung als Dramatiker Bezug, besonders p. 23—25.

J. M. J. A. Histoire des littératures anciennes et modernes. III. Édition. Paris, Poussielgue, 1888.
> Ueber Lope de Vega vgl. p. 391—393 und 582.

Soldevilla, Fernando. Compendio de literatura general y de historia de la literatura espanola. Segunda Edición. Paris, Garnier hermanos, 1888.
> P. 275—278 besprechen Lope als Dramatiker.

Bouchet, Eugène. Précis des littératures étrangères, anciennes et modernes. Paris, J. Hetzel, s. a.
> Ueber Lope vgl. p. 210—212.

§ 4.
Italienische Werke.

A) Ausgaben.

Las comedias del famoso poeta Lope de Vega Carpio. (Parte primera.) Milan, Juan Baptista Bidelli, 1619. 622 p.

Lope de Vega. El vellocino de oro. Milan, Juan B. Bidelli. 42, (1) p. Auf der letzten Seite ist bemerkt: Milan, F. Ghisulfe, 1649.
> Diese seltene Ausgabe, welche jetzt die Bostoner Bibliothek besitzt, war früher im Besitz von G. Ticknor und enthält eine handschriftliche Bemerkung desselben, wonach das Lopesche Stück laut einer Angabe der beigedruckten Loa im Jahre 1649 zu Mailand auch aufgeführt wurde. Vgl. Whitney p. 395 und Ticknor, History of Spanish Literature (Boston 1872) II, 317.

B) Uebersetzungen.

Monti, Pietro. Teatro scelto di Pietro Calderon della Barca con opere teatrali di altri illustri poeti castigliani volgarizzamento con prefazioni e note. 4 vol. Milano, dalla società tipografica do' Classici Italiani, 1855.

Vol. III. p. III—LXXIV enthält: Discorso sulla vita e sulle opere di Lupo Felice Lope de Vega Carpio. Von p. XLIII an folgen ausführlichere Inhaltsangaben von 3 sog. heroischen Schauspielen Lopes: Los guanches de Teneriffa, El casamiento en la muerte und Don Lope de Cardona. P. 1—87 enthalten außer einer kurzen Einleitung p. 3—7 und einigen Noten p. 87 die Prosa=Uebersetzung der einen Lopeschen Comedia „La fuerza lastimosa" unter dem Titel: La violenza pietosa.

La Cecilia, Giovanni. Teatro scelto Spagnuolo antico e moderno. Raccolta dei migliori Drammi, Commedie e Tragedie. Versione italiana. Con discorsi preliminari di Angelo Brofferio, Stefano Arago e Leandro Moratin. 8 vol. 12⁰. Torino, Unione tipografico-editrice, 1857—1859.

Vol. I enthält p. 7—12: Discurso di Angelo Brofferio, p. 13—38: Coup d'oeil sur le Théâtre Espagnol de Etienne Arago und p. 39—72: Discorso storico sull origine del Teatro Spagnuolo di Leandro Moratin, Abschnitte, in welchen auch Lope de Vega besprochen wird. Vol. II. enthält p. 251—302 die Uebersetzung von Lopes La esclava de su galan: La schiava del su galante. Vol. III. p. 5—46 La hermosa fea: La bella brutta, p. 47—102 El perro del hortelano: Il cane dell' ortolano, p. 103—155 El nuevo mundo etc: Il nuovo mondo scoperto da Christoforo Colombo. Das bekannte, ebenfalls übersetzte (p. 157—207) Calderonsche Drama: La vida es sueno bezeichnet der italienische Uebersetzer auffallenderweise als eine „Commedia di Lope de Vega!" Vol. V enthält von Lope p. 121—183 Las flores de Don Juan etc: I fiori di Don Giovanni, o ricco e povero cambiati. p. 185—233 Si no vieran las mugeres: Se le donne non vedessero. p. 235—291 El honrado hermano: L'onorato fratello. p. 293—350 Los locos de Valencia: I pazzi di Valenza. Sämtliche Uebersetzungen sind, wie die von P. Monti, in Prosa geschrieben.

C) Litterarhistorische Schriften.

Essequie poetiche, ovvero Lamento delle Muse Italiane in morto del Signor Lope de Vega, insigne et incomparabile Poeta Spagnuolo. Rime e Prose raccolte dal signor Fabio Franchi Perugino. (8.) 222 p. Venetia, Ghirardo Imberti, 1636.

Die Sammlung, wiederabgedruckt im XXI. Bande der Obras sueltas, beginnt mit einer dem Marino zugeschriebenen Rede (in Prosa), gehalten auf dem „Parnass", und schließt mit einer Apostrophe auf den „König der Dichter", Lope de Vega, von D. Manuel Tesauro. Vgl. Gallardo, Ensayo de una bibl. esp. IV, Sp, 977—978.

Panzano, Martinus. De Hispanorum literatura. Augustae Taurinorum, in aedibus Zappatae et Avondi, 1758. 4⁰.
Panzano handelt p. LXXIII—LXXIV kurz über Lope und sagt von ihm: „Illum autem Hispana comedia principem agnoscat necesse est "

Bettinelli, Saverio. Opere edite e inedite, in prosa ed in versi. Seconda edizione. 24 vol. Venezia, Adolfo Cesare, 1799—1801.
B. bespricht vol. IX, 172—174 kurz Lope de Vega, von welchem er p. 172 bemerkt: „Gran fama ottenne poi nelle spagne Lopez de Vega, il qual vantavasi anche in Italia dalla dominante nazione sempre amante per indole di precedenza." Bettinellis Satz p. 174: „Ecco dunque il gusto, que trappassò in Italia, e vi ruinò tutte le lettere, ed ogni buon gusto" gab Anlaß zu der heftigen litterarischen Fehde, welche zwischen B. und Girolamo Tiraboschi (Storia della letteratura ital., antica e moderna Modena. 1787—1794, 9 tom.) einerseits und Andres und Lampillas,[1]) als energischen Verteidigern der span. Litteratur andererseits, entbrannte.

---

[1]) Bezüglich des mir nicht zugänglich gewordenen ital. Werkes von Saverio Lampillas: Saggio storico-apologetico della letteratura spagnuola contro le pregindicate opinioni di alcuni moderni scrittori italiani, Genova, 1778—1781, 6 vol., verweise ich auf die oben erwähnte spanische Uebersetzung des Werkes durch Amar y Borbon.

Signorelli, Pietro Napoli. Storia critica de' teatri antiqui e moderni. 10 vol. Napoli, Vincenzo Orsino, 1813.

Vol. VI, 183—204 hanbeln über Lope de Vega, von welchem S. p. 183 bemerkt: „L'antica e la moderna Europa non vide un poeta teatrale Vega più fecundo." Weniger gelungen ift feine Einteilung ber Dramen Lopes in „commedie, tragicommedie, pastorali, tramezzi ed atti sacramentali." (p. 190 u. 191.)

Andres, Giovanni. Dell' origine, progressi e stato attuale di ogni letteratura. Nuova edizione (Die I. Aufl. erschien in 7 vol. zu Parma 1782—99.) 8 vol. Venezia, Giuseppe Antonelli, 1830—34.

Ueber Lope de Vega hanbeln Vol. II, Parte I p. 86 u. 87, Vol II, Parte II, p. 281, 282, 419—424 u. Vol. II, P. III, p. 611. A. ift, wie bereits bemerkt, ein warmer Verleidiger Lopes und ber anderen spanischen Dramatiker.

Gubernatis, Angelo de. Storia universale della letteratura. 12 vol. Milano. (Napoli-Pisa.) Ulrico Hoepli, 1882—1884.

Vol. I. Storia del teatro drammatico befpricht p. 466—473 Lope und behauptet von ihm p. 473: „Lope de Vega fondò, en ogni modo, in forma splendida e stabile, il teatro nazionale spagnuolo." Vol. II. Florilegio drammatico enthält p 631—652 einen furzen Auszug aus Lopes „El acero de Madrid" und p. 653—654 einen folchen aus beffen „El principe perfeto."

Cappelletti, Licurgo. Letteratura spagnuola. Aggiuntovi un Cenno storico sulla Letteratura Portoghese. V, 204. 12°. Milano, Ulrico Hoepli, 1882.

Capit. IX. p. 58—63 hanbelt über Lope und rühmt p. 58 an ihm „sua fecondità prodigiosa" fowie „lo splendido successo delle sue produzioni."

Restori, Antonio. Una collezione di commedie di Lope de Vega Carpio. 36 p. Livorno, Francesco Vigo, 1891.

R. befpricht 47 Bände Lopescher Comedias, teils Drucke teils Handschriften, welche bie Biblioteca Palatina zu Parma besitzt, und ergänzt ober berichtigt einzelne Angaben Barreras in feinem Catálogo.

§ 5.
Polnische Werke.

A) Uebersetzungen.

Feliks Carpio Lope de Vega. Komedye wybrane. Kara-nie zemsta. Najlepszym sędzią król. Gwiazda Sewilska. W przekladzie Juliana Adolfa Święcickiego. 254 p. Warszawa, S. Lewental, 1882.

Nach einer kurzen Einleitung über Lope de Vega p. 5—10 folgt bie polnische Ueberfetzung folgender 3 Comedias des Dichters: 1. El castigo sin venganza p. 11—94. 2) El mejor alcalde el rey p. 95—178. 3. La estrella de Sevilla p. 159—254.

B) Litterarhistorische Schriften.

Najznakomitsi komedyjopisarze Hiszpańscy. I. Lope de Vega, Gabr. Tellez (Tirso de Molina), Don Juan Ruiz de Alarcon y Mendoza. Studyjum literackie napisal Julijan Adolf Święcicki. 116 p. Warszawa, Kowalewski, 1880.

Ueber Lope de Vega hanbeln p. 1—70. Eine Anzahl feiner Dramen wird ausführlicher befprochen, wie Si no vieran las mujeres, La estrella de Sevilla, El castigo sin venganza und El gran duque de Moscovia.

§ 6.
Englische Werke.

A) Ausgaben.

El teatro español, ó coleccion de dramas escogidos de Lope de Vega, Calderon de la Barca, Moreto, Roxas, Solis y Moratin, precedida de una breve noticia de la escena española y de los autores que la han ilustrado. 4 vols. Portraits. Londres, Boosey, 1817—1820.

Diese von Anaya (spanischer Sprachmeister in London besorgte und völlig vergriffene Sammlung enthält nach Malsburg, Stern, Zepter, Blume (Tresden 1821. S. XXXVII die 3 von ihm übersetzten Stücke: La estrella de Sevilla (nach der Umarbeitung von Trigueros), El mejor alcalde el rey und La moza de cántaro. Vgl. Vincent Salva (London 1826) I, 203.

B) Uebersetzungen.

Während von Calderon nachweisbar nicht weniger als 23 Comedias ins Englische übersetzt sind,[1] ist mir von keinem einzigen Drama Lopes eine vollständige englische Uebersetzung bekannt geworden. Die Angabe Farinellis, „Grillparzer und Lope de Vega". S. 22: „Ein Jahr vor der Uebersetzung Malsburgs hatte der Engländer J. H. Wiffen seine Auswahl von: Lope de Vegas Works translated in english Verses. London 1823 veröffentlicht", beruht auf einer Verwechslung mit Garcilaso de la Vega, dessen Werke Wiffen 1823 zu London (Hurst, Robinson, XXII, 407 p.) in engl. Uebersetzung herausgab. Nur das eine Drama Lopes: Castelvines y Monteses ist nach Whitney, Catalogue p. 392 im Jahre 1770 in abgekürzter Uebersetzung erschienen unter dem Titel:

Romeo and Juliet. [Castelvines y Monteses]. A comedy written originally in Spanish by that celebrated dramatic poet, Lopez de Vega, cotemporary with Shakespear, and built upon the same story on which that greatest dramatic poet of the English nation has foundid his well known tragedy. London, W. Griffin, 1770. (2), 30 p.

C) Litterarhistorische Schriften.

Holland, Henry Richard Lord. Some account of the lives and writings of Lope Felix de Vega Carpio and Guillen de Castro. 2 vols. London, Printed by Thomas Davison, Whitefriars, 1817.

Vol. I. XV, 261 p. handelt über Lope de Vega. Lord Holland bespricht u. a. auch p. 121 bis 128 Lopes Einfluß auf das moderne Theater und gibt aus einzelnen Dramen, z. B. El duque de Viseo p. 144 ff., besonders aber aus La estrella de Sevilla p. 155 ff. Auszüge mit Uebersetzungen ausgewählter Stellen. Uebrigens hat L. H. nach seinem eigenen Geständnis nur eine geringe Zahl Lopescher Dramen gelesen, und so entbehren auch seine Urteile über den Dichter nicht selten der Gründlichkeit.

Anaya, A. An Essay on Spanish Literature. IV. 176 p. London, George Smallfield, Hackney, 1818.
Ueber Lope de Vega vgl. p. 88—93.

Salvá, Vincent. A Catalogue of Spanish and Portuguese books with occasional literary and bibliographical remarks. 2 Part. VII, 226. XXIX, 225 p. London M. Calero, 1826. 1829.

Dieser seltene Katalog handelt über eine Reihe von Ausgaben Lopescher Comedias und Autos I, 66, 203, 214. II. 213, 214.

---

[1] Vgl. des Verfassers „Calderon und seine Werke", Freiburg, Herder, 1888. 1. Band. S. XXXIII—XXXV und II. Band S. 299—300.

Lewes, G. H. The Spanish drama. Lope de Vega and Calderon. IV, 254 p. 16°. London, Charles Knight, 1846.
Nach einer historischen Einleitung über das spanische Drama p. 5—28 bespricht Lewes p. 29—168 Lope de Vega, ohne aber seine Bedeutung als Tramatiker richtig zu würdigen. Ausführlicher behandelt sind die 3 Comedias: Sancho Ortiz Umarbeitung von La estrella de Sevilla durch Trigueros), El perro del hortelano und Amar sin saber á quien

Ticknor, Georg. History of Spanish Literature. 3 vols. Fourth American edition, corrected and enlarged. Boston, James R. Osgood and Comp. 1872.
Dieses namentlich durch umfassende Literaturangaben ausgezeichnete Werk behandelt sehr ausführlich des Dichters Leben und Werke vol. II. p. 180—460. (Die Ausgabe des Werkes: London, Trubner, 1863; vol. II. p. 152—345, welche Seitenzahlen auch in den Text der Bostoner Ausgabe übergegangen sind.

Whitney, James Lyman. Catalogue of the Spanish Library and of the Portuguese books bequeathed by George Ticknor to the Boston public Library together with the collection of Spanish and Portuguese Literature in the general Library. XV, 476. Lex. 8°. Boston, Printed by Order of the Trustees, 1879.
Dieser überaus reichhaltige und wichtige Katalog verzeichnet die auf Lope de Vega bezügliche Litteratur p. 389—395.

Endlich seien noch einige neuere Aufsätze über 3 Dramen Lopes in englischen Zeitschriften erwähnt:

Saturday Review, Februar 1893.
Das Februarheft dieses Jahrgangs enthält nach Farinelli, Grillparzer und Lope de Vega, S. 63 über das Columbusdrama (El nuevo mundo, Lopes) den Artikel: Christopher Columbus and Lope de Vega.

Marsh, A. R. Note on El tirano castigado of Lope de Vega. With a contribution by Juan Riaño, Interpretation of a Spanish altarfrontal with emblems of the virgin. Studies and notes in philol. and lit. Harvard Univ. II.
Vgl. hierüber Bibliotheca philologica, herausgegeben von Dr. Aug. Blau. 47 Jahrgang. N. F. VIII. Jahrgang. Göttingen, Vandenhoeck u. Ruprecht, 1891. 1. Heft S. 58.

Rennert, H. A. Lope de Vegas Comedia „Sin secreto no hay amor". In: Publ. of the mod. assoc. of America 9, 2.
Vgl. Bibliotheca philologica 1893 III. Heft S. 215.

§ 7.
Niederländische Werke.

Kok, A. S. Het leven een droom. Tooneelspel van Calderon de la Barca. Uit het Spaansch vertaald. Voorafgegaan door eene verhandeling over Calderon en het Spaansche drama. Amsterdam, Funke, 1870.
In der vorausgeschickten Abhandlung: „Calderon en het Spaansche drama" p. 3—73 bespricht Kok Lope de Vega p. 29—37.

Wybrands, C. N. Het Amsterdamsche tooneel van 1617—1772. Bewerkt naar meerendeels onuitgegeven, authentieke beschoiden. Utrecht, J. L. Beijers, 1873.
Das Werk enthält p. 257—262 die Zeit der Aufführung von 8 Lopeschen Stücken in niederländischer Bearbeitung auf der Bühne von Amsterdam in dem Zeitraum vom Jahre 1642—1664.

Winkel, J. te. De invloed der Spaansche letterkunde op de Nederlandsche in de zeventiende eeuw. Artikel, enthalten in: Tijdschrift voor Nederlandsche Taal- en letterkunde. Eerste Jaargang. Leiden, E. J. Brill, 1881. p. 59—114.

Der bedeutende Einfluß Lope de Vegas auf die niederländische Bühne wird p. 93—97 besprochen. Nähere Angaben hierüber wird der II. Abschnitt enthalten.

§ 8.
Deutsche Werke.
A) Ausgaben.

Lope de Vega. Comedia del vellocino de oro. Viennae Austria excudebat Gregorius Gelbhaar. 4⁰. 1633.

Las dos Comedias famosas. Los bandos de Verona de Francisco de Rojas y los Castelvines y Monteses de Lope de Vega, colegidas y reimpresas por el conde P. W. de Hohenthal. Leipsique y Paris, Stetteln y Deubeln, 1839.

Teatro español. Coleccion de las mejores comedias Castellanas desde Cervantes hasta nuestros dias. Arreglada por D. C. Schütz. Bielefeld, Velhagen y Klasing, 1840   Nueva edicion 1846.

Die Sammlung enthält von Lope folgende 5 Comedias: La esclava de su galan. Por la puente Juana. La dama melindrosa. Si no vieran las mugeres. Los milagros del desprecio.

Lemcke, Ludwig. Handbuch der spanischen Litteratur. III. Band. Das Drama. Leipzig, Fr. Fleischer, 1856.

La estrella de Sevilla p. 191—233. Los comendadores de Córdoba p. 233—289.

Krenkel, Max. Klassische Bühnendichtungen der Spanier, herausgegeben und erklärt. III. Band. Leipzig, Joh. Ambr. Barth, 1887.

S 283—367 enthalten Lopes El alcalde de Zalamea nebst textkritischen Vorbemerkungen (p. 285—292)

Kressner, Adolf. Bibliothek spanischer Schriftsteller. VIII. Band. Comedias de Lope de Vega. I. Teil. La esclava de su galan. XIV, 98 p. Leipzig, Renger, 1889.

Anschütz, Rudolf. Lope de Vegas Komödie: El halcón de Federico. Anhang von dessen Schrift: Boccaccios Novelle vom Falken und ihre Verbreitung in der Litteratur. p. 39—100. Erlangen, Fr. Junge, 1892.

B) Bearbeitungen und Uebersetzungen.[1]

Spanisches Theater, aus dem Französischen (von Linguet) übersetzt. Von J. F. W. Zachariae. 3 Bde. Braunschweig, Waisenhausbuchhandlung, 1770—71.

Der I. Band enthält nach der französischen Uebersetzung Lopes: La esclava de su galán: Die Sklavin ihres Liebhabers, und der III. Band dessen: La dama melindrosa: Die übertriebene Delicatesse, und El dómine Lucas: Der vermeinte Informator.

---

[1] Ueber die Bearbeitungen oder Nachahmungen einiger Stücke Lope de Vegas durch Harsdörffer, Nürnberg 1643 und 1645, durch Greflinger, Hamburg 1652 und durch Kempe, 1674 vergl. Edmund Dorer, Die Lope de Vega-Litteratur in Deutschland. S. 13 u. 22.

Bertuch, F. J. Magazin der spanischen und portugiesischen Literatur. Dritter Band. Dessau u. Leipzig, in der Buchhandlung der Gelehrten, 1782.
    S. 1—128: Der schmerzliche Zwang. Schauspiel aus dem Spanischen des Lope de Vega. Auszugsweise von Herrn B. v. S.

Riesch, Frz. Graf von. Der Sturz in den Abgrund. Drama in 3 Aufzügen. Wien, Teubler, 1820.!
    Bearbeitung von Lopes „El principe despeñado." Vgl. Dorer, Die Lope de Vega - Literatur in Deutschland, S. 23.

Soden, Julius Graf von. Schauspiele des Lope de Vega, übersetzt. Erster (und einziger) Band. XL, 372 p. Leipzig, Joh. Ambr. Barth, 1820.
    An die Einleitung über Lopes Leben, Charakter und Schriften p. III—XL schließt sich die Uebersetzung der 3 Stücke: Die Köhlerin (La carbonera) S. 1—100. Das Landhaus von Florenz (La quinta de Florencia) S. 101—220. Die drei Diamanten (Los tres diamantes) S. 221—372.

Malsburg, E. F. G. Otto von der. Stern, Zepter, Blume. LVIII, 360 p. Dresden P. G. Hilscher, 1824.
    Inhalt: p. III—VI: Widmung an „Seiner Excellenz den Herrn Geheimenrath und Staatsminister von Goethe". p. VII.—LVIII: Vor- und Fürwort. S. 1—108: Der Stern von Sevilla (La estrella de Sevilla, aber nach der Umarbeitung von Trigueros). S 109—236: Der beste Richter ist der König (El mejor alcalde el rey). S. 237—360: Das Krugmädchen (La moza de cántaro.)

Richard, C. Romantische Dichtungen von Lope de Vega Carpio. Aus dem Spanischen übersetzt. 9 Bände. Aachen und Leipzig, J. A. Mayer, 1826—1828.
    Band VII, VIII und IX enthalten die Uebersetzung der Dorotea. Der Uebersetzer hat leider die Lopesche Einteilung der „Acción en prosa" in 5 Akte aufgegeben und die Dorotea als_bramatischen Roman, und nicht als Drama in ziemlich freier Weise wiedergegeben.

Zedlitz, J. Chr. Freih. von. Der Stern von Sevilla. Trauerspiel in fünf Aufzügen. Zuerst erschienen 1829. Aufgenommen in den I. Teil der dramat. Werke von Zedlitz. Stuttgart, Cotta, 1860 S. 1—98.

P. v. C. (Pauline von Calemberg). Kaiser Otto in Florenz. Schauspiel nach Lope de Vega. Frei bearbeitet S. 1—109. Leipzig, Theodor Fischer, 1837.

Dohrn, C. A. Spanische Dramen, übersetzt. Vier Teile. Berlin, Nicolai, 1841—1844.
    Der I. Teil enthält S. 331—410: Auto sacramental del santisimo sacramento (La siega). Ein geistliches Festspiel (Die Ernte) von Lope de Vega, mit vorausgeschicktem Prolog und Zwischenspiel (Entremes). Der II. Teil enthält S. 1—226: Lopes Comedia: Los milagros del desprecio: Die Mirakel der Verachtung, nebst Anmerkungen zu dem Stück S. 317—321. Der IV. Teil enthäl' 2 Zwischenspiele Lopes: S. 305—322: De la hechicera: Von der Zauberin, und S. 323—334 Del soldadillo: Vom Blitzsoldaten.

Halm, Fr. König und Bauer. Lustspiel in drei Aufzügen. Nach dem Spanischen des Lope de Vega (El villano en su rincón) frei bearbeitet. Wien, Gerold, 1842, Aufgenommen in Halms Werke, IV. Band. Wien, Gerold, 1873.

Schack, Ad. Friedrich von. Spanisches Theater. Zwei Teile. Frankfurt a. M., Sauerländer, 1845.
    Der II. Teil enthält S. 3—156 die Uebersetzung von Lopes: Fuente Ovejuna und S. 157—268 die Uebersetzung von 4 Zwischenspielen des Dichters.

Braunfels, Ludwig. Dramen aus und nach dem Spanischen. Zwei Teile. Frankfurt a. M., Sauerländer, 1856.
>Der 1. Teil enthält S. 149–279: Gräfin und Zofe (El perro del hortelano). Der II. Teil S. 1–172: Das Unmöglichste von allen (El mayor imposible).

Rapp, Moriz. Spanisches Theater. III. und IV. Band. Schauspiele von Lope de Vega I. und II. Leipzig, Bibliogr. Institut. (1869).
>Der IV. Band enthält nach einer Einleitung über Lope de Vega S. 7—11 die Uebersetzung folgender 4 Stücke: S. 15—93. König Wamba (El rey Wamba), S. 95—197 Der erste Fajardo (El primer Fajardo). S. 199—299 Columbus (El nuevo mundo). S. 301—417 Demetrius (El gran doque de Moscovia). Der IV. Band enthält S. 9—118 Die verschmähte Schöne (La hermosura aborrecida). S. 119—246 Reichtum und Armut oder die Blumen des Don Juan (Las flores de Don Juan, y rico y pobre trocados), und S. 247—339 Die schöne Tolederin oder Ueber die Brücke geht's durchs Wasser (Por la puente, Juana); hierauf von S. 341—436 folgen noch 7 Zwischenspiele. Der Anhang S. 437—441 enthält 35 kurze Inhaltsangaben Lope'scher Comedias.

Seubert, Adolf. Die Sklavin ihres Geliebten. Lustspiel von Lope de Vega Carpio. Frei übersetzt. 92 S. Leipzig, Reclam, (1875).

Lorinser, Franz. Aus Spaniens Vergangenheit. Zwei historische Schauspiele (König Wamba und das Lager von Santa Fé) von Lope de Vega. Aus dem Spanischen übersetzt. IV, 283 S. Regensburg, G. J. Manz, 1877.

Tiessen, Ed. Dieses Wasser trink ich nicht! Lustspiel in drei Aufzügen nach Los milagros del desprecio des Lope de Vega. 74 S. Leipzig, Reclam (1890).

Zabel, Eugen. Der Tugendwächter. Lustspiel in 4 Aufzügen, nach Lope de Vega (El mayor imposible), mit teilweiser Benützung der Braunfels'schen Uebersetzung, für die deutsche Bühne bearbeitet. Berlin, 1894.

C) Litterarhistorische Schriften.

Velasquez, D. Luis Joseph. Geschichte der spanischen Dichtkunst. Aus dem Spanischen übersetzt und mit Anmerkungen erläutert von Joh. Andr. Dieze. Göttingen, Vossiegel, 1769.
>Ueber Lope handeln S. 238—241 und 328—340.

Bertuch, F. J. Magazin der spanischen und portugiesischen Litteratur. Erster Band, mit Lope de Vega's Portrait. Dessau, Buchhandlung der Gelehrten, 1781.
>S. 332—350 Biographie des Dichters und S. 351—359 Verzeichnis seiner gedruckten Werke.

Flögel, Carl Friedrich. Geschichte der komischen Litteratur. 4 Bände. Liegnitz u. Leipzig, David Siegert, 1784—1787.
>Ueber Lope vgl. IV, 169–174.

Bouterweck, Friedrich. Geschichte der Poesie und Beredsamkeit seit dem Ende des 13. Jahrhunderts. 12 Bde. Göttingen, Joh. Friedr. Röwer, 1801—1819.
>B. bespricht Lopes Leben und Werke III, 360—393 und bringt u. a. S. 371—376 einen Auszug aus „Las almenas de Toro" (Die Zinnen von Toro).

Buchholz, Fr. Handbuch der spanischen Sprache und Literatur. Poetischer Theil. Berlin, G. C. Rauch, 1804.
>Ueber Lopes Leben und dichterische Bedeutung vgl. S. 269—273. Von seinen Dramen hat B. nichts aufgenommen, sondern nur Sonette, Canciones, El siglo de oro, Corona tragica u. a. S. 274—306.

— 23 —

Schlegel, August Wilhelm von. Vorlesungen über dramatische Kunst und Litteratur. I. Ausgabe. 3 Teile. Heidelberg, Winter, 1809—1810. Dritte Ausgabe, besorgt von Eduard Böcking. 2 Teile. Leipzig, Weidmann, 1846.

    Im II. Teil, 35. Vorlesung S. 375—399 wird neben Cervantes und Calderon S. 380—384 auch Lope de Vega, „dieser bald zu sehr vergötterte, bald zu sehr herabgewürdigte Vielschreiber" (S. 383), besprochen.

Schlegel, Friedrich. Geschichte der alten und neuen Litteratur. Vorlesungen, gehalten zu Wien im Jahre 1812. II. Ausgabe, II. Teil, in Friedrich Schlegels „Sämtlichen Werken". II. Band. Wien, Jak. Mayer, 1822.

    In der 12. Vorlesung S. 108—151 behandeln S. 115—119 Lope, „den ersten berühmten Meister und Beherrscher der spanischen Bühne" (S. 115).

Sismondi, J. C. L. Die Literatur des südlichen Europas. Deutsch herausgegeben und mit Anmerkungen begleitet von Ludwig Hain. 2 Bde. Leipzig und Altenburg, F. A. Brockhaus, 1816 und 1819.

    Band II. S. 290—368 sind Lope de Vega gewidmet.

Rosenkranz, Karl. Handbuch einer allgemeinen Geschichte der Poesie. Drei Teile. Halle, Ed. Anton, 1832 und 1833.

    III, 82—87 handelt R. im Anschluß an Bouterwek über Lope de Vega.

Enk, M. Studien über Lope de Vega Carpio. IV, 251 S. Wien, Karl Gerold, 1839.

    Diese verdienstvolle Schrift enthält 24 ausführlichere Analysen samt kurzen Besprechungen Lopescher Comedias. Treffend bemerkt Enk S. 12: „Man ist es gewohnt geworden, bei dem Namen: Lope de Vega, immer gleich an die abenteuerlichsten Erfindungen und an die tollsten Sprünge einer ausschweifenden Phantasie zu denken; und eben nur an diese. Und doch findet man eine große Anzahl von Schauspielen bei ihm, die mit ächter künstlerischer Besonnenheit und mit dem sichersten Takte für dramatische Auffassung und Durchführung geschrieben sind."

Graesse, J. G. Th. Handbuch der allgemeinen Literaturgeschichte aller bekannten Völker der Welt, von der ältesten Zeit bis auf die neueste Zeit. 4 Bände. Dresden und Leipzig, Arnoldi, 1845—1850.

    Ueber Lope de Vega als Dramatiker vgl. Band III. S. 147—149 und 151.

Schack, Ad. Friedr. von. Geschichte der dramatischen Literatur und Kunst in Spanien. 3 Bde. Berlin, Duncker und Humblot, 1845 und 1846.

    Band II. S. 152—416 behandelt von Sch. das Leben und die Werke des Dichters, erwähnt ober bespricht gegen 174 Comedias und gibt von etwa 40 Comedias und mit 6 Autos ausführlichere Inhaltsangaben. In dem Abschnitt: „Ueber die Verbreitung spanischer Theaterstücke im Ausland" S. 678—688 wird wiederholt, z. B. S. 680, 683—686 und 688 der Einfluß Lopes auf das italienische, besonders aber auf das französische Drama hervorgehoben. Der Anhang S. 689—705 enthält ein Verzeichnis der dramatischen Werke des Dichters.

Schack, Ad. Friedr. von. Geschichte der dramatischen Literatur und Kunst in Spanien. Zweite, mit Nachträgen vermehrte Ausgabe. III. Band. Frankfurt a. M. Joseph Baer, 1854.

    Enthält S. 31—51 Nachträge zu Lope de Vega

Alt, Heinrich. Theater und Kirche in ihrem gegenseitigen Verhältnis historisch dargestellt. Berlin, Plahn (L. Nitze), 1846.

    In dem Abschnitt XXXI. (das spanische Theater S. 501—518 wird S. 508—512 auch Lope besprochen.

Münch-Bellinghausen, Frhr. Eligius von. Ueber die älteren Sammlungen spanischer Dramen. 85 S. 4°. Wien, k. k. Hof- und Staatsdruckerei, 1852.

    M.-B. nimmt an verschiedenen Stellen, z. B. S. 5, 27, 39—49, 55—56, 76—80 auf Lopes Comedias Bezug.

Wolf, Ferdinand. Ueber Lope de Vegas Comedia famosa de la Reina Maria. Nach dem Autograph des Verfassers. (Im Besitze S. D. des H. Fürsten von Metternich.) 39 S. Lex.-8°. Wien, k. k. Hof- und Staatsdruckerei, 1855.
>Die Schrift enthält eine ausführliche Analyse des bisher nur dem Namen nach bekannten Stückes, das jetzt für den Abdruck in der gegenwärtig erscheinenden Ausgabe der Werke Lopes durch Menéndez y Pelayo bestimmt ist.

Rosenkranz, Karl. Die Poesie und ihre Geschichte. Königsberg, Bornträger, 1855. Ueber Lope de Vega vgl. S. 600–605.

Lemcke, Ludwig. Handbuch der spanischen Literatur. 3 Bände. Leipzig, Friedrich Fleischer, 1855 und 1856.
>Ueber Lope de Vegas Leben und Schriften handeln II. Band S. 403–424 und III. Band S. 179–191.

Hase, Karl. Das geistliche Schauspiel. Geschichtliche Uebersicht. 12°. Leipzig, Breitkopf und Härtel, 1858.
>Im III. Abschnitt: Wiedergeburt des geistlichen Drama in Spanien S. 146–193 bespricht H. S. 151–162 Lope de Vega, der „mit geistvoller Leichtigkeit und Natürlichkeit zahlreiche Autos sacramentales gedichtet hat." (S. 151.)

Schmidt, Leopold. Ueber die vier bedeutendsten Dramatiker der Spanier, Lope de Vega, Tirso de Molina, Alarcon und Calderon. Ein Vortrag. Bonn, Adolf Marcus, 1858.
>S. 5–10 beschäftigen sich mit Lope de Vega.

Raumer, Friedrich von. Handbuch zur Geschichte der Litteratur. Vier Teile. Leipzig, Brockhaus, 1864–1866.
>Ueber Lope vgl. Teil I. S. 132–133.

Eichendorff, Joseph Freih. von. Zur Geschichte des Dramas. Zweite Auflage. Paderborn, F. Schöningh, 1866.
>Ueber Lope de Vega handeln S. 38–42. „Dieser gewaltige Genius", bemerkt E. S. 40, „erscheint uns wie ein wunderbares Naturereignis selbst, das eben unaufhaltsam wirkt, weil und wie es muß."

Ticknor, Georg. Geschichte der schönen Literatur in Spanien. Deutsch mit Zusätzen herausgegeben von N. H. Julius. Neue Ausgabe. 2 Bände. Leipzig, Brockhaus, 1867.
>Ueber Lopes Leben und Werke verbreiten sich ausführlich Bd. I. S. 533–632.

Ticknor, Georg. Supplementband, enthaltend die wesentlicheren Berichtigungen und Zusätze der III. Auflage des Originalwerks, bearbeitet von Adolf Wolf. Leipzig, Brockhaus, 1866.
>S. 87–101 beziehen sich auf Lope.

Dohm, H. Die spanische National-Literatur in ihrer geschichtlichen Entwicklung. Lex.-8°. Berlin, G. Hempel, 1867.
>S. 301–344 handeln über Lope de Vega.

Klein, J. L. Geschichte des Dramas. IX. und X. (Span. Drama II. u. III.) Band. Leipzig, T. O. Weigel, 1872 und 1874.
>Ueber Lope de Vegas Leben und Werke handeln sehr ausführlich Band IX. S. 489–644 und Band X. S. 1–529. Im ganzen haben 33 Comedias und 3 Autos des Dichters ausführliche Inhaltsangaben erhalten, freilich in der Klein eigenen manirirten und oft ungenießbaren Darstellungsweise.

Scherr, Johannes. Allgemeine Geschichte der Literatur. 5. Auflage. 2 Bände. Stuttgart, Conrabi. 1875.
  Lope de Vega: 1. Band, S. 393—398.

Dorer, Edmund. Die Lope de Vega-Literatur in Deutschland. Bibliographische Uebersicht. Zürich, Orell Füßli, 1877. Fortgesetzt bis 1885. (Commissionsverlag: von Bahn u. Jaensch, Dresden.)
  24 Seiten, von welchen aber nur 12 Literaturangaben enthalten.

Grillparzer, Fr. Studien zum spanischen Theater. In Grillparzers sämtlichen Werken. VIII. Band. Dritte Ausgabe. Stuttgart, Cotta, 1879.
  S. 87—97: Ueber Lope de Vega im allgemeinen. S. 98—276: Ueber Lope de Vegas dramatische Dichtungen. G. bietet uns etwa 133 bald kürzere, bald ausführlichere Inhaltsangaben Lopescher Comedias, welche von G.'s liebevollem Studium und Verständnis seines Lieblingsdichters Zeugnis ablegen. Treffend ist der Vergleich Lopes mit Calderon am Schlusse seiner Studien S. 276: „Calderon und Lope de Vega sprechen in Bildern. Aber Calderon ist bilderreich und Lope de Vega ist bildlich. Calderon schmückt seinen Dialog mit ausgesponnenen und prächtigen Vergleichungen. Lope de Vega vergleicht nichts, sondern beinahe jeder seiner Ausdrücke hat eine sinnliche Gewalt, und das Bild ist nicht eine Ausschmückung, sondern die Sache selbst."

Prölss, Robert. Geschichte des neueren Dramas. I. Band. 1. Hälfte. Leipzig, Bernh. Schlicke (Balth. Elischer), 1881.
  S. 260—300 sind Lope de Vega gewidmet.

Mahrenholtz, R. Molières Leben und Werke vom Standpunkte der heutigen Forschung. Heilbronn, Henninger, 1881.
  M. bespricht das Verhältnis Molières zu Lope de Vega als Vorbild für einzelne seiner Dramen S. 54, 61, 63, 123, 154, 196—198 und 271.

Norrenberg, Peter. Allgemeine Geschichte der Literatur. 3 Bände. Münster, A. Russell, 1882—1884.
  Band II. S. 238—250 behandeln Lope de Vega.

Vincke, Gisbert Freiherr. Zwei spanische Komödien, ihre Wandlungen und Wanderungen. Westermanns Ill. Deutsche Monatshefte, LII, 310. Juli 1882. Fünfte Folge, Band II, 10. S. 526—538.
  Im Zusammenhang mit Morelos Doña Diana und No puede ser, guardar una muger bespricht V. auch Lopes La hermosa fea, El perro del hortelano, Los milagros del desprecio und El mayor imposible.

Carriere, Moriz. Renaissance und Reformation in Bildung, Kunst und Literatur. 3. Auflage. Leipzig, Brockhaus, 1884.
  S. 407—426 beschäftigen sich mit Lope de Vega als Dramatiker. Mit Recht wird S. 413 bemerkt, daß sich viele der vorzüglichsten Werke späterer Dichter als neue Bearbeitungen seiner Erfindungen erweisen.

Dorer, Edmund. Ludwig Holberg und das spanische Theater. Das Magazin für die Litteratur des In- und Auslandes. 55. Jahrgang. Leipzig, W. Friedrich, 1886. S. 68—71.
  D. bespricht u. a. auch S. 69—70 Holbergs „Die Reise zum Brunnen", die dänische Nachbildung einer komischen Erfindung des Lope de Vega.

Stern, Adolf. Geschichte der Weltliteratur in übersichtlicher Darstellung. Stuttgart, Rieger, 1888.
  In dem Abschnitt: Die Gegenreformation in den romanischen Litteraturen S. 377—397 wird S. 386—389 auch Lope de Vega besprochen, nach St. S. 385 „der vielseitigste, phantasiefrischeste und beweglichste Dichter aus der Gruppe derer, welche vom Geist der Gegenreformation erfüllt waren."

Heine, Carl. Das Schauspiel der deutschen Wanderbühne vor Gottsched. Halle, M. Niemeyer, 1889.

Unter den spanischen Originalen im Spielverzeichnis der deutschen Komödianten führt H. S. 11 auch Lopes El mayor imposible und El palacio confuso auf.

Stiefel, A. L. Die Nachahmung spanischer Komödien in England unter den ersten Stuarts. 28 S. (Separatabdruck aus Vollmöllers Roman. Forschungen V, 183 ff.) Erlangen, Fr. Junge, 1890.

S. 2—4 nehmen auch Bezug auf Lope und seinen Don Lope de Cardona als Vorbild für Shirley's The Young Admiral.

Schäffer, Adolf. Geschichte des spanischen Nationaldramas. Zwei Bände. Leipzig, Brockhaus, 1890.

Band I. S. 75—210 sind Lope de Vega gewidmet. Sch. bespricht ungefähr 155 Comedias des Dichters, unter denen sich eine nicht geringe Zahl von seltenen und wenig bekannten Stücken befindet. Ausführlichere Analysen haben etwa 90 Stücke erfahren. Auffallend kurz und dürftig ist die Biographie Lopes S. 75—78.

Hennigs, Wilhelm. Studien zu Lope de Vega Carpio. Eine Klassifikation seiner Comedias. V, 105 S. Göttingen, Dieterich'sche Univ.-Buchdruckerei (W. Fr. Kästner), 1891.

H., welcher Lopes Comedias in 19 Gruppen einteilt, bespricht bezw. erwähnt 330 Stücke (einige sind nicht von Lope) und gibt ausführlichere Analysen von folgenden 5 Comedias: 1) El hidalgo Abencerrage S. 19—22. 2) La embidia de la nobleza S. 22—25. 3) Quien más no puede S. 35—36. 4) Amor con vista S. 60—63. 5) La ilustre fregona S. 64—68.

Karpeles, Gustav. Allgemeine Geschichte der Litteratur von ihren Anfängen bis auf die Gegenwart. Mit Illustrationen und Porträts. 2 Bände. Berlin, Grote, 1891.

Band II. S. 55—60 besprechen Lope de Vega, „den eigentlichen Schöpfer des spanischen Nationaldramas." (S. 60.)

Steffens, Georg. Rotrou-Studien. I. Jean de Rotrou als Nachahmer Lope de Vegas. 104 S. Oppeln, Eugen Franck (Georg Maske), 1891.

St. behandelt eine Anzahl Comedias Lopes, wie z. B. La sortija del olvido (S. 34—49), La ocasión perdida (S. 50—62), Laura perseguida (S. 91—102) u. a. als Vorbilder für den französischen Dichter.

Dessoff, Albert. Ueber spanische, italienische und französische Dramen in den Spielverzeichnissen deutscher Wandertruppen. Zeitschrift für vergleichende Litteraturgeschichte und Renaissance-Litteratur, herausgegeben von Max Koch und Ludwig Geiger. Neue Folge. IV. Band, 1. u. 2. Heft. S. 1—16. Berlin, A. Haack, 1891.

D. bespricht S. 4—9 und 11—15 verschiedene Comedias Lopes, wie El mayor imposible, El palacio confuso, Carlos el perseguido, La ocasión perdida, im ganzen 11 Stücke als Vorbilder deutscher und anderer Dramen.

Farinelli, Artur. Spanien und die spanische Litteratur im Lichte der deutschen Kritik und Poesie. I. und II. Teil. 128 S. Berlin, A. Haack, 1892.

F. nimmt an verschiedenen Stellen seiner Schrift auf Lope de Vega Bezug, z. B. S. 33—36, 52—59, 86—87, 106—107 und 111—115.

Bahlsen, Leo. Spanische Quellen der dramatischen Literatur, besonders Englands zu Shakspeares Zeit. Zeitschrift für vergleichende Literaturgeschichte, herausgegeben von Max Koch. Neue Folge. VIII. Band, 3. Heft S. 151—159. Berlin, Emil Felber, 1893.

S. 152—154 wird auch Lope de Vegas Einfluß auf englische Dramatiker, wie Beaumont-Fletcher und Webster hervorgehoben.

Peters, R. Paul Scarrons „Jodelet Duelliste" und seine spanischen Quellen. Mit einer Einleitung: Die Resultate der bisherigen Forschung über den spanischen Einfluss auf das französische Drama des XVII. Jahrhunderts. Erlangen und Leipzig, A. Deichert (G. Böhme), 1893.
    In der Einleitung S. 1—40 bespricht P. die Beziehungen der französischen Dramatiker Hardy, Rotrou, P. Corneille, Molière und Scarron zu Lope de Vega und anderen spanischen Dramatikern.

Vincke, Gisbert Freiherr von. Gesammelte Aufsätze zur Bühnengeschichte. Hamburg und Leipzig, Leop. Voß, 1893.
    Der Aufsatz: Spanische Schauspiele in Deutschland S. 148—170 beschäftigt sich auch mit Lope de Vega. Ein Teil desselben ist identisch mit der bereits erwähnten Abhandlung Vinckes vom Jahre 1882.

Farinelli, Arturo. Grillparzer und Lope de Vega. Mit den Bildnissen der Dichter. XI, 333 S. Berlin, Emil Felber, 1894.
    Die Einleitung der interessanten Schrift S. 1—31 behandelt die Lope de Vega-Litteratur in Deutschland bis Mitte der zwanziger Jahre. Der 1. Abschnitt S. 32—193 die Dramen Grillparzers in ihrem Verhältnis zu den Comedias Lopes. Der II. Abschnitt S. 194—275 Grillparzers Studien über Lope de Vega. Der III. Abschnitt endlich S. 276—326 Uebereinstimmung und Verschiedenheit in Grillparzers und Lopes dichterischer Individualität.

Zweiter Abschnitt.
Leben und Werke Lope de Vegas.
Sein Einfluss auf das Drama ausserhalb Spaniens.

§ 1.
Leben und Werke Lope de Vegas.

Wenn im folgenden das Leben und die Werke des Dichters im allgemeinen kurz behandelt werden, so geschieht es unter Zugrundlegung von Barreras Nueva Biografía (N.B.) und mit Einschränkung auf die wichtigsten Daten, und zwar hauptsächlich solche, welche mit der Abfassung und Herausgabe der dramatischen[1]) Werke (besonders der alten Gesamtausgabe der Comedias 1604—1647) des Dichters in Beziehung stehen, oder bei welchen unrichtige oder ungenaue Angaben der älteren Biographen (Montalbán, Lord Holland, Ticknor, v. Schack u. a.) zu berichtigen sind.

---

[1]) Von den nicht dramatischen Werken sollen nur die wichtigsten erwähnt werden.

Das Licht der Welt erblickte Lope Félix de Vega Carpio am 25. November 1562 zu Madrid. Von seiner frühzeitigen, geradezu wunderbaren Geistesentwicklung erzählt sein Zeitgenosse und Biograph Montalbán[1]) fast unglaubliche Dinge. So soll er bereits im fünften Lebensjahre Spanisch und Lateinisch gelesen und selbsterfundene Gedichte gegen Bilder und Spielzeug an seine Kameraden vertauscht haben. Etwa 10 Jahre alt übersetzte er im Jahre 1572 das Gedicht Claudians „De raptu Proserpinae" in spanische Verse und im Alter von 12 bis 13 Jahren verfasste er die erste seiner Comedias: El verdadero amante. Nachdem Lope in den Schulen von Madrid den ersten Unterricht in der Grammatik, Rhetorik und Mathematik erhalten hatte, nahm er, wahrscheinlich 1582,[2]) auf der Flotte des Marqués de Santa Cruz an der ruhmreichen Expedition gegen die Franzosen auf den Azoren (Las islas Terceras) teil. Nach einem bewegten Jugendleben[3]) vermählte er sich 1584 mit einer vornehmen Dame, Doña Isabel de Ampuero Urbina y Cortinas und trat ungefähr um die gleiche Zeit als Sekretär in die Dienste des Herzogs von Alba, D. Antonio de Toledo y Beaumont. Allein schon im folgenden Jahre 1585 wurde er durch ein Duell, zu welchem er sich durch öffentliche Schmähungen eines Verläumders hatte verleiten lassen, zur Flucht nach Valencia genötigt, wo damals die Bühne in hoher Blüte stand und der Flüchtling durch lebendigen Verkehr mit den angesehensten Bühnendichtern der Stadt immer mehr für die dramatische Thätigkeit begeistert wurde. Drei Jahre nach seiner Ankunft in Valencia begab sich der Dichter nach Lissabon und nahm 1588 Kriegsdienste auf jener gewaltigen Armada, mit welcher bekanntlich Philipp II. im Kampfe gegen England unterlag. Inmitten der Gefahren des unheilvollen Feldzugs schrieb Lope eine umfangreiche Dichtung in 20 Gesängen: La hermosura de Angélica in Oktaven, welche später, überarbeitet und ausgefeilt, 1602 durch den Druck veröffentlicht wurde.[4]) Mit den Trümmern der vernichteten Flotte Dezember 1588 nach Spanien zurückgekehrt, vereinigte er sich wieder mit seiner Gattin und begab sich, von ihr begleitet, nach Alba de Tormes, in die Dienste seines Gönners, des Herzogs von Alba, bei welchem er bis zum Jahre 1596 verweilte und höchst wahrscheinlich während dieser Zeit[5]) den bekannten Schäferroman Arcadia, sowie eine Anzahl Comedias, wie El favor agradecido, El maestro de danzar, El leal criado und Laura perseguida verfasste. Ein schwerer Verlust traf den Dichter durch den Tod seiner Gattin Isabel, welcher nach Barrera (N. B. p. 59—60) wohl schon 1591—1592 erfolgte. Die folgenden Jahre, welche Lope u. a. als Sekretär des Marqués de Malpica und des Marqués de Sarriá abwechselnd zu Toledo, Madrid und Sevilla zubrachte, waren für ihn eine Zeit der

---

[1]) Fama póstuma, obras sueltas XX. Bd.
[2]) N. B. p. 29—30.
[3]) Ueber Lopes Beziehungen zu Marfisa und Dorotea vgl. N. B. p. 23—33.
[4]) N. B. p. 51—52.
[5]) Vgl. N. B. p. 65 ff.

fruchtbarsten dramatischen Thätigkeit. Dies beweist besonders die von Sevilla aus 31. Dezember 1603 datierte Vorrede zu seinem El peregrino en su patria,[1]) worin er ein Verzeichnis von 219[2]) durch ihn verfassten Comedias gibt und zugleich bemerkt, dass seine Schriften, seinen Neidern in Spanien zum Trotz, in Italien, Frankreich und Amerika gelesen werden. Ausserdem macht Barrera (N. B. p. 131—132) auf eine bisher den Bibliographen unbekannte und von Lope nicht anerkannte Sammlung einer Anzahl seiner Comedias aufmerksam, welche 1603 zu Zaragoza herauskam, und auf eine andere im gleichen Jahre zu Lissabon gedruckte Ausgabe von „Seis comedias de Lope de Vega Carpio y de otros autores", welche aber von Lope nur das eine Stück: El perseguido enthält.

Im Anfange des Jahres 1604 von Sevilla nach Madrid oder Toledo zurückgekehrt, vermählte sich der Dichter zum zweitenmale und zwar mit D. Juana de Guardo. Weder Ort noch Datum der vollzogenen Verbindung ist urkundlich überliefert; doch vermutet Barrera (N. B. 128) mit Recht Toledo als Ort derselben, da nachweisbar die Neuvermählten vom 16. August 1604 bis gegen Mitte des Jahres 1610 zu Toledo ihren Wohnsitz hatten. Eine Frucht dieser Verbindung war 1605 der vielversprechende Carlos Félix, der aber bereits mit sieben Jahren 1612 starb; bald darauf folgte dem Sohne auch die Mutter im Tode nach, wahrscheinlich Februar oder März 1613.[3]) Die Ode,[4]) welche der tiefcrschütterte Vater dem Hingange des geliebten Carlos widmete, und welche den schweren, aber siegreichen Kampf der christlichen Ergebung mit der väterlichen Liebe darstellt, hat v. Schack (II, 172) mit Recht zu dem Seelenvollsten in der spanischen Poesie gerechnet. Nur eine kurze von Schack (II, 172—173) übersetzte Stelle sei hier mitgeteilt: „Und du glückseliger Knabe, der du in den sieben Jahren deines Lebens keinen Ungehorsam gegen deinen Vater geübt hast, erheitre meine trüben Augen, da du nun im Reiche des Lichtes wohnest. Wie oft, mein süsser Knabe, fieng ich dir schöne Vögel ein, verschieden an Gesang und Farbe; wie oft pflanzte ich dir grüne Zweige in dem Gärtchen, und Blumen, in denen ich dein Ebenbild sah. Du aber, mein Carlos, warst kaum in der reinen Luft der Morgenröte thaubenetzt emporgeblüht, als schon die weisse Lilie welk und erstarrt zu Boden sank, um in den Himmel verpflanzt zu werden. O mit wie göttlich schönen Vöglein kannst du nun spielen, die mit bunten Flügeln durch die himmlischen Auen des ewigen Gartens flattern!"

Was die wichtigsten, namentlich dramatischen Erzeugnisse Lopes und deren

---

[1]) Veröffentlicht wurde das Werk erst Anfangs März 1604. N. B. p. 113—114.
[2]) Lope erklärt zwar, bis auf diese Zeit 230 Stücke geschrieben zu haben; allein die Liste weist nur 219 Titel auf. N. B. 115. Ueber die vom Jahre 1589 — Mitte 1597 auf dem Theater aufgeführten Comedias Lopes vgl. N. B. 84.
[3]) N. B. p. 192.
[4]) Canción á la muerte de Carlos Félix, abgedruckt in den Obras sueltas XIII, 36 f. und Bibl. de aut. esp. Rivad. (1856) Tomo 38, p. 368 f.

Veröffentlichung in den Jahren 1604—1613 anlangt, so ist vor allem zu erwähnen die erste, zu Valencia 1604 (wahrscheinlich Jan.) erfolgte Ausgabe des I. Teils der berühmten alten Sammlung seiner Comedias. Diese Ausgabe ist so selten geworden, dass sie in keiner öffentlichen Bibliothek Europas sich findet und ihre Existenz nur durch die der Ausgabe von Amberes[1]) (Antwerpen) 1607 und von Valladolid 1609 beigedruckte Approbation nachgewiesen werden kann. Unmittelbar nach dieser ältesten Originalausgabe des I. Teiles folgten die Ausgabe von Madrid mit Approbation vom 17. Februar 1604; hierauf folgen 1605 2 Ausgaben zu Valladolid und Valencia, sodann die bereits erwähnten von Antwerpen 1607 und Valladolid 1611 und endlich 1619 eine solche zu Mailand und 1624 zu Zaragoza.[2]) Der II. Teil der Comedias Lopes erschien 1609 zu Madrid (bei Alonso Martin) im Druck; dieser Ausgabe folgten Nachdrucke zu Valladolid 1609 und 1611, zu Madrid 1610 und 1618, zu Barcelona 1611, zu Brüssel 1611 und endlich zu Lissabon 1612. Ich erwähne noch eine in meinem Besitz befindliche, nirgends, auch bei Barrera[3]) nicht, erwähnte Ausgabe von Antwerpen 1611 (Amberes, en casa de la biuda y herederos de Pedro Bellero 1611. 3 hojas prels. y 609 páginas), welche aber mit der bei Salvá I, 537 beschriebenen Ausgabe von Brüssel (Roger Velpio, y Huberto Antonio) bezüglich der Seitenzahl vollständig übereinstimmt. Da in beiden Ausgaben auf der letzten Seite sich die Bemerkung findet: Antverpiae. Excudebat Andreas Bacx, 1611, so ist die Brüsseler Ausgabe als ein Nachdruck der Antwerpener anzusehen. Die „Tercera parte de las Comedias de Lope de Vega y otros autores", welcher Teil neben dem fünften der seltenste der ganzen Sammlung ist, aber von Lope nur die 3 Stücke: La noche toledana. Las mudanzas de fortuna, y sucesos de D. Beltran de Aragon. El santo negro Rosambuco de la ciudad de Palermo enthält, erschien zuerst zu Valencia 1611—1612, sodann in zweiter Ausgabe zu Madrid 1613 und endlich 1614 zu Barcelona.[4]) Sämtliche drei ersten Teile aber erschienen, wie auch Teil IV—VIII, ohne die Genehmigung und Billigung des Dichters, welcher denn auch im IX. von ihm selbst besorgten Bande (Novena parte, Madrid 1617) die bisher

---

[1]) Auf p. 4 der auch in meinem Besitz befindlichen Ausgabe von Amberes heisst es: „Estas doze Comedias de Lope de Vega, que han sido impressas en Valencia, no tienen cosa que ofenda. y assi se puede dar licencia para imprimirse. En Valladolid, a 17. Febrero de 1604. El Secretario Juan Gracian Dantisco."

[2]) Vgl. N. B. 132—133 u. Salvá I, 537, welch' letzterer mit Recht das von Barrera nach Schack angegebene Jahr 1617 bei der Mailänder Ausgabe in Zweifel zieht, da sein eigenes Exemplar wie das Chorleys deutlich die Jahreszahl 1619 trägt. Darnach sind die Angaben von Antonio II, 76 und von Schack II, 691 über diesen ersten Teil zu berichtigen.

[3]) Vgl. N. B. 153 und 154. Bei Antonio II, 76 und Schack II, 692 fehlen verschiedene Ausgaben dieses II. Teiles.

[4]) N. B. 187. Schack II, 452 f. und 692 kennt nur die Ausgabe von Barcelona, während Antonio II, 76 alle Comedias dieses Bandes Lope zuschreibt. Bemerkenswert ist, dass die auch in meinem Besitz befindliche Ausgabe von Madrid (En casa de Miguel Serrano de Vargas, 1613) weder paginirt noch foliirt ist, sondern, wie manche alte spanische Drucke, als Erkennungszeichen nur die Signatur besitzt, d. h. die Buchstabenzahl am untern Rande des Textes.

erschienenen Teile als „adulterados é impresos sin su anuencia y consentimiento" bezeichnete. Von den sonstigen, nicht dramatischen Werken Lopes aus dieser Periode sind vor allem zu erwähnen die beiden Teile seiner Rimas, welche Frühjahr 1605, in einen Band vereinigt, zu Toledo im Druck erschienen, sodann sein bekanntes Epos: Jerusalem conquistada, welches Mitte Februar 1609 zu Madrid herauskam. Während des Herbstes 1611 verfasste Lope in 5 Büchern seinen berühmten geistlichen Hirtenroman: Pastores de Belén. Prosa y versos divinos dirigidos á Carlos Félix su hijo, und veröffentlichte ihn Anfangs Februar 1612 zu Madrid.[1]) Unter den zahlreichen in das Werk eingestreuten trefflichen Liedern befindet sich das vielbewunderte Wiegenlied der Madonna für ihr in einem Palmenhain schlafendes hl. Kind, dem nach einer treffenden Bemerkung Ticknors[2]) „an Zartheit nur die Gemälde des spanischen Murillo gleichen, welche den nämlichen Auftritt darstellen". Als kleine Probe der Lopeschen Poesie möge dasselbe im spanischen Text[3]) und in der meisterhaften Uebersetzung Melch. Diepenbrocks[4]) hier seine Stelle finden:

Pues andais en las palmas,
Angeles santos,
Que se duerme mi niño,
Tened los ramos.

Palmas de Belén,
Que mueven ayrados
Los furiosos vientos,
Que suenen tanto,
No le hagais ruido,
Corred mas passo;
Que se duerme mi niño,
Tened los ramos.

El niño divino
Que está cansado
De llorar en la tierra:
Por su descanso,
Sosegar quiere un poco
Del tierno llanto;
Que se duerme mi niño,
Tened los ramos.

Die ihr dort wallet unter den Palmen,
Heilige Engel!
Sehet es schlummert lieblich mein Kind:
Haltet die Zweige, sänftigt den Wind!

Palmen von Bethlehem,
Welche mit Brausen
Zürnende Winde
Wirbelnd durchjauſen,
Schweiget, o schweiget,
Es schlummert mein Kind:
Laß von den Zweigen
Zürnender Wind!

Müde vom Weinen
Hier auf der Erde,
Schlummert der Kleine:
Daß ihm im Schlummer
Ruhe doch werde,
Schweige, o schweige, sausender Wind!
Stille, ihr Zweige,
Es schlummert mein Kind!

[1] Im folgenden Jahre 1613 erschienen neue Ausgaben des Werkes zu Lérida und Madrid, 1614 zu Brussel, 1616 zu Alcalá, 1645 zu Valencia und 1675 zu Madrid. N. B. 179.
[2] Ticknor-Julius 1, 553.
[3] Ausgabe Brusselas (Roger Velpio y Huberto Antonio 1614 p. 443 und 443, Obras sueltas XVI, 332.
[4] Geistlicher Blumenstrauss aus spanischen und deutschen Dichtergärten. Sulzbach, Seidel 1829. S. 143 f.

Rigurosos hielos	Grimmige Kälte droht ihn zu wecken,
Lo estan cercando,	Ach, und mir fehlen schützende Decken.
Ya veis que no tengo	Heilige Engel, die ihr dort flieget,
Con que guardarlo:	Kommet und wärmet,
Angeles divinos,	Kommet und wieget
Que vais volando,	Mein göttliches Kind!
Que se duermo mi niño,	Haltet die Zweige,
Tened los ramos.	Sänftigt den Wind!

War schon Lopes geistlicher Hirtenroman, Los pastores de Belén, ein Zeugniss seiner ernster gewordenen, mehr dem Religiösen zugewandten Gesinnung, so machte der Tod seines Lieblings Carlos (1612) und seiner zweiten Gattin (1613) ihn noch mehr ernsteren Gedanken und dem Einfluss der Religion zugänglich. So verliess denn der 52jährige Dichter, zugleich wohl auch von Reue erfüllt über einzelne Verirrungen seines früheren Lebens,[1]) „den eitlen Glanz der Welt"[2]) und wurde 1614 Priester, ganz wie 37 Jahre später sein ebenbürtiger Nachfolger in der dramatischen Kunst, Calderón de la Barca. Die Priesterweihe erhielt Lope zu Toledo; die erste hl. Messe las er im Mai des Jahres 1614[3]) „en el Carmen descalzo" zu Madrid. Man würde sich aber sehr irren, wenn man glauben wollte, dass Lope jetzt als Priester der Poesie entsagt habe. Im Gegenteil gehören die letzten 21 Jahre seines Lebens zu den fruchtbarsten und glänzendsten seiner Dichterlaufbahn. So veröffentlichte er noch im gleichen Jahre 1614 den ersten Teil seiner geistlichen Romanzen: Rimas sacras, welche wegen ihres poetischen und sittlichen Gehaltes grossen Anklang fanden und eine Reihe von Neuauflagen erlebten, so zu Lérida 1615, zu Lissabon 1616 und 1658 und zu Madrid 1619. Von anderen bedeutenderen, nichtdramatischen Werken Lopes erwähne ich die im Februar 1618 von Lope veröffentlichten Triunfos de la Fe en los reinos del Japón por los años 1614 y 1615; sodann ein umfangreiches Gedicht La Circe, con otras rimas y prosas, zu Madrid Anfangs des Jahres 1624 herausgegeben. Mitte September des folgenden Jahres 1625 erschienen seine Triunfos divinos, con otras rimas sacras, Juli 1626 seine Soliloquios amorosos de un alma á Dios und Ende September 1627 seine Corona trágica, Vida y muerte de la Serenísima Reyna de Escocia María Estuarda (M. Stuart), ein grosses historisches Gedicht in 5 Büchern, welches der Dichter dem Papste Urban VIII. widmete. Im Februar 1630 veröffentlichte Lope zu Madrid den Laurel de Apolo, con otras Rimas, ein panegyrisches Gedicht über 280 spanische und portugiesische, 36 französische und italienische Dichter, und ausserdem über 24

[1) Ueber Lopes Beziehungen zu Doña Antonia Trillo vgl. N. B. p. 70, zu Lucinda p. 85 ff. und zu D. Maria de Lujan, welche aber höchst wahrscheinlich mit der „disfrazada Lucinda" identisch ist, p. 138 ff.
[2]) Vgl. N. B. p. 212.
[3]) Lord Holland I, 49, v. Schack II, 175 und Ticknor-Julius I, 543 geben unrichtig das Jahr 1609 als Tag der 1. hl. Messe oder des Empfanges der Priesterweihe an.

„Ingenios de antigüedad" und 9 spanische Maler. Die Originalausgabe enthält die bekannten Verse, welche die überschwängliche Huldigung der Zeitgenossen für den grossen Dichter zum Ausdruck bringen:

„Nata fuit Lopio Musarum sacra Poësis:
Illa perire potest, iste perire nequit."

Ungefähr um die Mitte des Jahres 1632 erschien zu Madrid eines der berühmtesten Werke Lopes, welches er bereits in jugendlichem Alter verfasst hatte: sein Lieblingswerk La Dorotea, acción en prosa, eine Selbstbiographie der Jugendjahre des Dichters, halb Drama, halb Novelle, in der Gattung der Celestina geschrieben.[1] Anfangs Dezember des Jahres 1634 gab Lope zu Madrid die Rimas humanas y divinas del Licenciado Tomé de Burguillos im Druck heraus; dass aber Lope der wahre Verfasser dieser Rimas ist und Tomé de Burguillos nur ein Pseudonym, ist neuerdings überzeugend nachgewiesen worden.[2]

Ich wende mich nunmehr zu den dramatischen Werken Lopes und deren Veröffentlichung seit dem Jahre 1614. Bereits im April dieses Jahres erschien zu Madrid eine Quarta parte seiner Comedias, welche noch im gleichen Jahre 1614 zu Barcelona und Pamplona abermals gedruckt wurde. Im Anfang des Jahres 1615 folgte diesem vierten Bande ein als Quinta parte der grossen Sammlung gerechneter Band, betitelt: Flor de las comedias de España de diferentes autores, gedruckt zu Madrid und Alcalá de Henares und abermals 1616 zu Madrid[3]); der Band enthält aber von Lope nur die eine Comedia: El ejemplo de casadas y prueba de la paciencia. Im gleichen Jahre 1615 erschien sodann zu Madrid eine Sexta parte der Comedias, abermals gedruckt 1616 zu Madrid und Barcelona, an welche sich 1617 die Herausgabe der Partes séptima y octava, beide zu Madrid, anschloss. Beide Teile wurden noch im gleichen Jahre zu Barcelona abermals gedruckt. Während alle bisherigen 8 Bände, wie bereits erwähnt, ohne Genehmigung und Redaktion des Dichters erschienen waren, übernahm jetzt Lope selbst die Herausgabe der nun folgenden Bände, und zwar erschien noch im Oktober des Jahres 1617 zu Madrid die Novena parte, neu gedruckt 1618 zu Madrid und Barcelona.[4] Die Partes décima y onzena gab Lope 1618 zu Madrid heraus; der X. Teil erlebte neue Auflagen 1618 zu Barcelona und 1618 und 1620 zu Madrid, der XI. 1618 eine solche zu Barcelona. Bemerkenswert ist die Vorrede Lopes zu diesem XI. Bande, in welcher er sich, ähnlich wie später Calderon, bitter über die unehrlichen Spekulationen der Buchhändler (unerlaubte Drucke u. a.) beklagt. Auch findet

---

[1] Vgl. Barreras N. B. p. 443 und 446 treffendes Urteil über dieses Werk: „Escrita en castiza y fluida prosa, entreverada de lindísimas poesías, la mayor parte en versos cortos" etc.
[2] N. B. p. 463 ff.
[3] Schack II, 453 erwähnt nur den II. Druck 1616 zu Madrid. Antonio II, 76 hält sämtliche 12 Stücke dieses wie des III. Bandes für Comedias Lopes.
[4] Schack II, 692 und 693 erwähnt weder bei dem IX. noch dem VII. und VIII. Bande die Ausgaben von Barcelona.

sich hier die interessante Notiz des Dichters, es sei gar nicht ungewöhnlich gewesen, dass eine seiner Comedias zwanzigmal hintereinander aufgeführt worden sei. Gegen Ende des Jahres 1619, aber mit dem Datum des folgenden Jahres 1620, erschien zu Madrid der XII. Teil seiner Comedias und im Laufe des Jahres 1620 folgten der XIII. und XIV. Band, ebenfalls zu Madrid; eine neue Ausgabe des XIII. Bandes erfolgte 1620 zu Barcelona und eine solche des XIV. 1621 zu Madrid.[1]) Gegen Ende des Jahres 1621 veröffentlichte Lope den XV. Teil seiner Comedias zu Madrid por la Viuda de Alonso Martin und noch im gleichen Jahre erschien auffallenderweise der gleiche Teil in einer anderen Druckerei zu Madrid, bei Fernando Correa de Montenegro, während zugleich im Laufe des gleichen Jahres 1621 der XVI. und XVII. Band zu Madrid por la Viuda de Alonso Martin erschienen. Barrera (N. B. 360. 361) stellt nun die ansprechende Vermutung auf, dass der XVII. Teil vor dem XV., und zwar im Monat Februar 1621 gedruckt worden sei, während der XV. und XVI. zusammen, aber in verschiedenen Druckereien ausgegeben worden seien. Vom XVI. Bande erwähnt Salvá II, 543 und 544 noch einen zweiten Druck vom Jahre 1622, der ebenfalls zu Madrid bei Alonso Martin erschien, und ebenso vom XVII. Bande zwei weitere Drucke, von welchen der eine 1621, der andere 1622, je bei Fernando Correa de Montenegro zu Madrid erschien. Noch verdient Erwähnung, dass der von Lope geschriebene Prolog des XV. Bandes interessante Bemerkungen über das Theater im allgemeinen und über Lopes Comedias, und ebenso der Prolog des XVII. Bandes wichtige Notizen über das spanische Theater enthält.

Nachdem in der zweiten Hälfte des Monats Juni 1622 zu Madrid grosse Festlichkeiten zu Ehren der Kanonisation des hl. Isidor veranstaltet und bei diesem Anlass auch zwei Comedias Lopes: „La niñez de San Isidro" und „La juventud de San Isidro" aufgeführt worden waren, veröffentlichte Lope im Anfang des Jahres 1623 zu Madrid die Décima octava parte seiner Comedias und etwas später, aber noch im gleichen Jahre ebendaselbst die Parte decinueve y la mejor parte. Der XIX. Teil erlebte nach Salvá I, 544 bei demselben Verleger (Juan González) zu Madrid zwei neue Auflagen 1624 und 1625 und eine weitere zu Valladolid bei Gerónimo Morillo 1627. Der XX. und zugleich letzte Teil von Lopes Comedias, der zu dessen Lebzeiten ans Licht trat, erschien Ende Januar 1625 zu Madrid bei Juan González und wurde in den folgenden 5 Jahren dreimal wieder gedruckt, zweimal bei dem nämlichen Verleger zu Madrid und einmal zu Barcelona bei Estevan Liberos 1630. Dass Lope ausser diesen in der grossen Sammlung enthaltenen Stücken noch eine Menge anderer Comedias dichtete, welche teils als Einzeldrucke, teils als Manuscripte (manche von des Dichters Hand geschrieben) überliefert wurden, und

---

[1] Wie so manche ältere spanische Drucke, so ist namentlich diese Madrider Fern. Correa Montenegro, 1621, Ausgabe des XIV. Bandes, welche ich besitze, ein Muster konfuser Foliirung; statt der 313 Blätter, wie angegeben ist, enthält der Band thatsächlich nur 291!

von welchen die grosse Mehrzahl verloren gegangen ist, darf bei Lopes ungeheurer Produktivität nicht wunder nehmen. Ich erwähne nur einige der berühmtesten Autographen: „El bastardo Mudarra¹), comedia manuscrita y firmada en 27 de Abril de 1612 por el Fénix de los Ingenios Lope de Vega Carpio", „El príncipe perfeto", primera parte, 23. Dez. 1614, „El castigo sin venganza", 1. Aug. 1631, und endlich die letzte dramatische Produktion des Dichters vom Mai 1634, das ausgezeichnete Drama: „Las bizarrías de Belisa", dessen Autograph früher im Besitz von D. Agustín Durán, jetzt einen wertvollen Schatz des britischen Museums in London bildet.²) Geradezu zahllos aber waren die unberechtigten, aus buchhändlerischen Spekulationen hervorgegangenen Nachdrucke der Lopeschen Comedias, welche während der Aufführung widerrechtlich nachgeschrieben und dann, natürlich durch eine Menge von Fehlern entstellt, in ganz Spanien durch den Druck verbreitet wurden. Vielleicht nicht weniger zahlreich waren jene Stücke, welche von anderen verfasst, unter Lopes Namen gedruckt und aufgeführt wurden. Beide Thatsachen, über welche sich der Dichter an mehr als einer Stelle bitter beklagt,³) sind zugleich ein redender Beweis für den ungeheuren Ruhm, dessen sich Lope, namentlich in den letzten 18—20 Jahren seines Lebens, als Dichter erfreute.⁴) Ja, der Name „Lope" wurde allmählich geradezu allgemein sprichwörtlich für alles Gute gebraucht. So sagt u. a. Montalbán (Obras sueltas XX, 53) in Uebereinstimmung mit Cervantes in seinem Zwischenspiel „La guarda cuidadosa": „Es wurde zum allgemeinen Sprichworte, eine gute Sache zu preisen, indem man sie einen Lope nannte, so dass Juwelen, Diamanten, Gemälde u. s. w. an Wert stiegen, wenn sie nach ihm genannt wurden." Gleichwohl floh Lope, dem einige Kritiker mit Unrecht den Vorwurf schriftstellerischer Eitelkeit gemacht haben, äusseren Glanz und äussere Ehrenbezeugungen, wenn er auch die Bedeutung seiner dichterischen Grösse wohl kannte und fühlte, und auf dem Höhepunkt seines Ruhmes angelangt, schrieb er unter sein Bildnis die Worte des Seneca:⁵) „Laudes et iniuriae vulgi in promiscuo habendae sunt; nec de his dolendum, nec de illis gaudendum."

---

1 Vgl. N. B. p. 187 f.

2 N. B. p. 460—461. Im Auftrag der spanischen Akademie kopirt für die gegenwärtig erscheinende Lope de Vega-Ausgabe Don Guillermo Steel „canciller de nuestro Consulado general en aquella metrópoli" N. B. 461 alle Autographen Lopes im britischen Museum zu London.

3 Vgl. die Vorreden zu verschiedenen Bänden der grossen Sammlung seiner Comedias, z. B. Bd. 9. 11, 15 u. 21, sowie Lopes Epistola Égloga an seinen Freund Claudio, Obras sueltas IX, 369.

4 Um so mehr ist es zu beklagen, dass das Leben des Dichters auch in dieser letzten Periode seines Lebens nicht frei von sittlichen Verirrungen war. Vgl. die 1876 zum ersten Male veröffentlichten Cartas de Lope de Vega al Duque de Sessa über seine, unerlaubten Beziehungen zu Doña Marta de Nevares Santoyo seit Ende des Jahres 1616 in „Últimos amores de Lope de Vega Carpio" p 18 ff. u. N. B. p. 247 ff.

5 N. B. p. 532. Die Nachricht findet sich bei Quintana, En las honras de Lope Felix de Vega Carpio, sermon funebre. Madrid 1635.

Am 27. August[1]) des Jahres 1635 starb nach kurzer Krankheit, gestärkt durch die Gnadenmittel seiner Kirche, Lope de Vega, der „Fénix de los Ingenios", wie sein Biograph Montalbán, (Fama póstuma) schreibt: „los ojos en el cielo, la boja en un crucifijo, y el alma en Dios." „Der wahre Ruhm", so sprach er kurz vor seinem Tode zu Montalbán, „besteht in der Tugend, und ich würde gern allen Beifall, der mir in der Welt zu teil geworden ist, hingeben, um ein gutes Werk mehr gethan zu haben."

Bevor ich auf die Zahl der dramatischen Werke des Dichters und ihre Bedeutung im allgemeinen kurz eingehe, sind noch die weiteren nach Lopes Tod erschienenen Teile der grossen Sammlung seiner Comedias zu berücksichtigen. Der XXI. und XXII. Teil wurden noch im Todesjahre des Dichters 1635 zu Madrid gedruckt; der XXII. enthält aber von Lope nur 11 Stücke. Ausserdem erschien noch eine zweite als XXII. Band der Comedias des Lope geltende Sammlung schon 1630 zu Zaragoza bei Pedro Verges, welche aber von Lope nur zwei neue, unbestritten echte Comedias enthält.[2]) Der XXIII. Teil erschien zu Madrid, Maria de Quinones, 1638, der XXIV. ebenfalls zu Madrid 1640 mit 8 Stücken von Lope (2 sind von Calderón, 1 von Guillen de Castro und 1 von Juan Bautista de Villegas). Als XXIV. Teil gelten aber auch noch 2 andere Bände, nämlich eine Sammlung von Comedias, welche 1632 und in neuer Auflage 1633 zu Zaragoza bei Diego Dormer gedruckt wurde, aber nur 3 sicher echte Comedias Lopes enthält (6 zweifelhafte, 2 von Alarcón und 1 von Matías de los Reyes), sowie eine zweite Sammlung, welche 1641 zu Zaragoza bei Pedro Verges erschien und 12 neue echte Comedias von Lope enthält. Endlich der letzte XXV. Teil (bezw. XXVIII. Band) der berühmten Sammlung mit 12 echten Schauspielen des Dichters erschien 1647, und zwar ebenfalls zu Zaragoza bei Pedro Verges.

Was nun die Zahl der von Lope verfassten dramatischen Werke, der Comedias und Autos, der Loas und Entremeses anlangt, so lässt sich dieselbe nur mit annähernder Wahrscheinlichkeit berechnen. Am Schlusse des Prologs zu dem 1618 erschienen XI. Bande der grossen Sammlung der Comedias spricht Lope von 800 Comedias, während er im Prolog zum XX., dem letzten zu Lopes Lebzeiten veröffentlichten Bande, bereits die Zahl 1070 angibt. In der Epístola á Claudio Conde, welche 1631, also 4 Jahre vor des Dichters Tod erschien und später in La Vega del Parnaso, Madrid 1637, sowie in den Obras sueltas, Madrid 1777 gedruckt wurde, gibt er die Zahl 1500 an,[3]) ebenso in den Schlussworten seiner bekannten

---

[1]) Unrichtig gehen Lord Holland I, 90 den 26. August, Ticknor-Julius I, 564 den 25. August und Schack II, 202 den 21. August 1635 als Todestag an. Vgl. N. B p. 497: „El lunes 27 de Agosto expiro a las cinco y cuarto de la tarde. Consta la fecha de su muerte auténticamente inscrita en los libros de la Congregacion de Sacerdotes naturales de Madrid.

[2]. Zwei weitere sind identisch mit solchen der Madrider Ausgabe, 1 ist von Alarcon und 1 von Matias de los Reyes verfasst, 6 sind von zweifelhafter Echtheit. Vgl. N B p. 449 und 450.

[3]) Obras sueltas IX, 368: „Mil y quinientas fábulas admira."

Comedia „La moza de cántaro": „Mil y quinientas ha escrito." Eine höhere Zahl als 1500 gibt Lope nirgends an, während allerdings Montalbán in seiner fama póstuma von 1800 spricht. Letztere Angabe ist jedenfalls übertrieben; wahrscheinlich hat Montalbán dabei nicht bloss die Comedias, sondern auch andere dramatische Erzeugnisse, wie Loas und Entremeses, in Rechnung gebracht. Da Lope nachweisbar mehrere Jahre vor seinem Tode (nach Montalbán sogar muchos años) keine Comedias mehr schrieb, so wird mit ziemlicher Sicherheit anzunehmen sein, dass der Dichter nur wenig mehr als 1500 Comedias verfasst habe. Ueber die Zahl der von ihm verfassten Autos fehlt jede zuverlässige Angabe von seiten des Dichters selbst; Montalbán gibt die Zahl 400 an. Noch weniger lässt sich die ohne Zweifel sehr grosse Zahl der Lopeschen Loas und Entremeses mit einiger Sicherheit feststellen. Nicht minder schwer zu beantworten ist die andere Frage, wie viele Comedias und Autos Lopes uns erhalten, beziehungsweise durch den Druck veröffentlicht worden sind. Dass nur ein geringer Teil seiner Werke überhaupt gedruckt und dass die Menge des Gedruckten zwar ungeheuer an sich, aber unbedeutend sei im Vergleich zu der Masse des Ungedruckten, versichert Lope selbst in der Epístola á Claudio[1]) mit den Worten:

„Pero puedo, sin propia alabanza decirte,
No es mínima parte, aunque exceso,
De lo que está por imprimir lo impreso."

Dies gilt natürlich auch von Lopes dramatischen Werken, und zwar wohl in erster Linie. Barrera hat in seinem bekannten Catálogo, p. 424 als Totalsumme der erhaltenen Comedias 608, als Totalsumme der Autos 44 angegeben. Bezüglich der Autos ist Barreras Angabe jedenfalls zu niedrig, bezüglich der Comedias dürfte sie annähernd richtig, doch vielleicht um etwa 50 zu hoch gegriffen sein, da Barrera eine grössere Anzahl zweifelhafter Stücke mitgerechnet hat. Die 28 Bände der alten Gesamtausgabe der Comedias enthalten von Lope etwa 290 echte Comedias und 12 von zweifelhafter Echtheit, dazu 8 in La Vega del Parnaso, also zusammen 310. Dazu mögen noch etwa 240—250 Comedias kommen, teils Einzeldrucke (Sueltas), teils in anderen, allgemeinen Sammlungen des spanischen Theaters abgedruckte, teils noch unedirte, nur handschriftlich überlieferte Stücke, so dass sich die Gesammtzahl der noch vorhandenen Comedias des Lope de Vega auf etwa 550—560, also ein starkes Drittel der verfassten belaufen mag. Von der gegenwärtig im Auftrag der spanischen Akademie durch Menéndez y Pelayo besorgten vorzüglichen Ausgabe der dramatischen Werke des Dichters, der man nur ein etwas rascheres Erscheinen und ungestörten Fortgang wünschen kann, wird ohne Zweifel noch manches bisher unedirte kostbare Produkt seiner dramatischen Muse zu er-

---
[1]) Obras sueltas IX, 369.

hoffen sein. In den bisher erschienenen Bänden sind bereits 45 Autos (einschliesslich der kürzeren und einfacheren Coloquios), sowie 28 Comedias biblicas und Vidas de Santos erschienen, darunter zahlreiche, bisher unedirte Stücke beider Gattungen.[1]

Dass nach dem Gesagten Lope de Vega als der weitaus fruchtbarste aller dramatischen Dichter bezeichnet werden muss, ist unbestreitbar. Schon seine Zeitgenossen sind voll Bewunderung für die sprichwörtlich gewordene Fruchtbarkeit Lopes und der Dichter Mira de Mescua[2] bemerkt schon 10 Jahre vor Lopes Tod: „Wenn Suidas und Quinctilian ihr Erstaunen darüber ausdrücken, dass Menander 80 Lustspiele verfasst habe, welche Bewunderung müssen wir erst dem zollen, der mehr Werke in den drei Gattungen der Poesie geschrieben hat, als alle griechischen, lateinischen und neueren Dichter?" Ja, der bekannte Geschichtsschreiber des spanischen Dramas, Ad. Fr. Graf v. Schack, der sich rühmen konnte, gegen 300 Lopesche Schauspiele gelesen zu haben, nimmt keinen Anstand zu behaupten,[3] dass die produktivsten Bühnenschriftsteller anderer Nationen mit allen ihren Hervorbringungen nicht an den dritten Teil dessen reichen, was Lope geliefert habe. Mit dieser wunderbaren Produktivität des Dichters hängt natürlich eng zusammen die fast unglaubliche Schnelligkeit, mit welcher er dichtete. Versichert ja doch Lope selbst in der Epistola á Claudio[4]), dass mehr als 100 seiner Dramen innerhalb 24 Stunden, nachdem sie geschrieben waren, auch schon aufgeführt worden seien, so dass man unwillkürlich an die bekannten Worte Ovids (trist. IV, 10, 26) erinnert wird, welche auch treffend als Motto der Ausgabe der Obras sueltas vorangesetzt sind:

„Quidquid tentabam dicere, versus erat."

Auf eine Würdigung Lopes als dramatischer Dichter, auf seine charakteristischen Vorzüge und Mängel hier des Näheren einzugehen, kann schon mit Rücksicht auf die dieser Arbeit gezogenen Grenzen nicht meine Aufgabe sein. Wohl leidet die dramatische Komposition Lopes in einer nicht gerade geringen Zahl seiner Stücke an nicht unbedeutenden Mängeln. Unter diese Mängel rechne ich übrigens keineswegs die Verletzung der drei Einheiten von Ort, Zeit und Handlung, welche an ihm einzelne spanische, namentlich aber französische Kritiker so hart gerügt haben. Dagegen erwähne ich die von den Kritikern am meisten gerügte, besonders in der ersten Periode Lopes vor dem Jahre 1604 hervortretende Neigung des Dichters, eine Ueberfülle von Handlungen in dasselbe Werk zusammenzudrängen, Ereignisse auf Ereignisse zu häufen und unvereinbare Elemente mit einander zu verbinden, so dass die Einheit der Handlung Schaden leidet, die Scenen oft nur lose mit einander verknüpft sind, angefangene Fäden nicht fortgeführt werden und nicht selten das Ende ohne rechte Beziehung zum Anfang steht. Aus dieser unleugbaren

---

[1] Vgl. hierüber die Angaben im I. Abschnitt S. 6.
[2] Vgl. die Druckerlaubnis vor dem XX. Bande der Lopeschen Comedias.
[3] Schack II, 210.
[4] Obras sueltas IX, 368: „Pues mas de ciento en horas veinticuatro pasaron de las Musas al teatro".

Flüchtigkeit, welche manchen Werken Lopes anhaftet, erklärt sich auch die Erscheinung, dass nicht wenige neuere Kritiker, zumal in Deutschland, Calderon über Lope de Vega stellen, dass z. B. Eichendorff in seiner Geschichte des Dramas (S. 42) urteilt, Lope habe in erobernder Hast nur geistreich zu skizziren vermocht, was Calderon in grossen unvergänglichen Zügen ausgeführt habe, oder dass Fastenrath in seiner Festgabe zur Feier des 200jährigen Todestages Calderons[1] (25. Mai 1881) Lope de Vega mit dem Schmetterling vergleicht, der sich kaum die Zeit gönne, auf dem Blatt einer Lilie zu verweilen, während Calderon sich in seinen Gegenstand vertiefe und der Biene gleich allen Honig aus der Blume schlürfe, die sie geküsst. Allein alle diese und andere Mängel des Dichters müssen in den Hintergrund treten, wenn wir die unerschöpfliche Fülle seiner Phantasie, die wunderbare Anmut, welche über seine Schöpfungen ausgebreitet ist und die unbestrittene Thatsache ins Auge fassen, dass Lope de Vega trotz der in einer grösseren Anzahl seiner Werke zu tage tretenden Flüchtigkeit, mangelhaft durchgeführter Charakteristik und anderer Mängel doch mehr ausgezeichnete Schauspiele verfasst hat, als irgend ein anderer bekannter dramatischer Dichter der alten und neuen Zeit. Ebenso kurz als treffend hat schon drei Jahre nach des Dichters Tod 1638 ein Ungenannter in der Vorrede zum XXIII. Bande der alten Ausgabe der Comedias Lopes die eminenten Vorzüge desselben in Worten gewürdigt, welche wegen ihrer Wichtigkeit auch hier ihre Stelle finden mögen:[2] „Lope war der Anfang und das Ende der Komödie, man kann von ihm sagen, dass er vor sich keinen gefunden, den er, nach sich keinen, der ihn hätte nachahmen können. Die Stücke Lopes sind von der Natur, die der übrigen durch die Industrie erzeugt. Die Darstellung der höheren Personen und die Würde, die er ihnen zu leihen weiss, ist einzig, und ebenso einzig die Kunst, mit der er die unteren Klassen zu schildern weiss. Alle Male, dass er Bauern und Landleute in die Handlung verflocht, brachte er keine erdichteten Figuren, sondern sie selbst lebendig und leibhaftig auf die Bühne. Der Reiz ihrer Liebschaften, die Anmut der Wendungen und Gedankenspiele, der Witz der Graciosos, alles ist bei ihm so natürlich, wie die Blumen den Pflanzen, die Früchte den Bäumen. Und wer ist so unsinnig, bei der ungeheuren Menge von Lopes Werken grosses Gewicht darauf zu legen, dass er einige Komödien gemacht hat, die geringer als die anderen sind? Wer ist so blind, dass ihm nicht die Augen aufgehen vor Bewunderung, wenn

---

[1] Calderon de la Barca. Leipzig, W. Friedrich, 1881. S. 62.
[2] Mitgeteilt auch bei Schack II, 212 u. 213. Schacks ausführliche Beurteilung und Würdigung Lopes und seiner dichterischen Eigentümlichkeiten ist immer noch das Beste, was in Deutschland über den Dichter geschrieben worden ist, wenn auch zuzugegeben ist, dass er mitunter in diesem Werke seiner Jugend nach seinem eigenen Geständnis (Calderons ausgewählte Werke, übersetzt von Schlegel und Gries. Stuttgart, Cotta, 1883 I, 17 f. mit „zu enthusiastisch leidenschaftlicher Voreingenommenheit" an seinen Gegenstand, und so auch an die Beurteilung Lopes herangetreten ist.

er erwägt, dass nur um alles zu lesen, was dieser fast mehr als Mensch, der doch zu keinem ungewöhnlich hohen Alter gelangt ist, geschrieben hat, das Leben dessen, der am längsten lebt, erfordert wird?"

Was zum Schlusse noch in aller Kürze die Einteilung oder Klassifikation der Comedias Lopes anlangt, so wird bei der gewaltigen Fülle und Mannigfaltigkeit des Stoffes, den der Dichter beherrscht hat, und bei der Schwierigkeit der Sache an sich, eine passende Gruppirung eine mühevolle Arbeit sein und wohl keine völlig befriedigen. Hennigs hat in seinen 1891 erschienenen Studien zu Lope de Vega Carpio S. 2—8 die bisherigen Einteilungsversuche der Literaturhistoriker Signorelli, Bouterwek, Sismondi, Holland, Schlegel, Lista, Ticknor, Rosenkranz, Lemcke, Eichendorff, Lafond, Dohm, Carriere, Vapereau, Kressner und v. Schack zusammengestellt. Am meisten Beachtung verdienen jedenfalls die Ansichten des Spaniers Lista,[1]) welcher 8 Gruppen aufstellt, und v. Schacks,[2]) welcher, abgesehen von den Comedias de Santos, die er anhangsweise für sich behandelt, Lopes Comedias in folgende 12 Gruppen einteilt:

I. Spanische Geschichte und Sage.
II. Erdichtete Dramen, an historische Begebenheiten angelehnt.
III. Portugiesische Geschichte.
IV. Geschichte anderer Völker.
V. Alttestamentliche Geschichte.
VI. Mythologische Stoffe.
VII. Sagenkreise des Mittelalters.
VIII. Novellen der Italiener und Spanier.
IX. Dramatische Novellen.
X. Sentimentale Familiengeschichten.
XI. Lustspiele.
XII. Schäferspiele.

Unter Zugrundlegung der Schackschen Einteilung hat Hennigs S. 8 ff. 19 Gruppen aufgestellt und die Schacksche Einteilung durch Einfügung der Schicksalsdramen, der Sittengemälde oder Zeitbilder, der romantischen Schauspiele, Charakterdramen, der biographischen Schauspiele und didaktischen Stoffe erweitert. Die neueste und wohl am besten begründete Einteilung rührt von dem Spanier Menéndez y Pelayo her, welcher gegenwärtig mit Recht als der gründlichste Kenner des Dichters in seinem Vaterlande gilt und im II. 1892 erschienenen Bande seiner mustergiltigen Ausgabe (Obras de Lope de Vega p. XII. ff) 15 Gruppen Lopescher Comedias aufstellt:

I. Comedias fundadas en asuntos del Antiguo Testamento.

---

[1]) Lista p. 153 ff. [2]) Schack II, 265 ff.

II. Comedias fundadas en asuntos del Testamento Nuevo.
III. Comedias de Vidas de Santos y otras personas piadosas.
IV. Comedias fundadas en leyendas ó tradiciones devotas, que no tienen valor canónico, ni histórico, ni hagiográfico.
V. Las comedias mitológicas.
VI. Las comedias sobre argumentos de la historia clásica.
VII. Las comedias de historia extranjera.
VIII. Los dramas fundados en recuerdos y tradiciones de la historia patria.
IX. Las comedias pastoriles, que no son más que églogas largas.
X. Las comedias caballerescas, que están tomadas de libros de caballerías en verso ó en prosa, ya franceses, y italianos, ya españoles, ya del ciclo carolingio, ya del bretón ó de cualquiero de los secundarios.
XI. Las comedias caballerescas, con las fábulas, muy numerosas, cuyo origen se encuentra en las novelas italianas de Boccacio, Bandello, Giraldo Cinthio, etc., y en las castellanas de Montemayor y algún otro.
XII. Comedias románticas. Endlich Comedias de Costumbres in 3 Abteilungen:
XIII. Comedias de malas costumbres. (z. B. El Rufián Castrucho und El Arenal de Sevilla.)
XIV. Comedias de costumbres urbanas y caballerescas. (z. B. La Melindrosa, La esclava de su galán und Las flores de D. Juan.)
XV. Las comedias, que non son de costumbres de la clase media, sino aristocráticas ó palatinas, las cuales, por la condición de los personajes y aun por el tono, difieren algo de las restantes.

Mit besonderer Vorliebe und Kunst zugleich bearbeitete Lope, der als echter Spanier von glühender Begeisterung für sein Vaterland erfüllt war, Stoffe aus der vaterländischen Geschichte, wie denn auch gegen 100 der erhaltenen Stücke diesem Gebiete angehören. Kaum geringer war seine Fruchtbarkeit und Genialität in der Behandlung der sog. Lustspiele oder Intriguenstücke (bei Menéndez y Pelayo in Klasse XIII—XV inbegriffen), unter welche sich ungefähr 90 der erhaltenen einreihen lassen.

§ 2.

Der Einfluss Lope de Vegas auf das Drama ausserhalb Spaniens.
Aufführungen, Nachahmungen, Bearbeitungen und Uebersetzungen seiner dramatischen Werke während des 17. Jahrhunderts.

Dass ein so genialer und fruchtbarer Dichter auch auf das Drama der übrigen, nicht spanischen Nationen einen tiefgehenden und nachhaltigen Einfluss ausüben musste, versteht sich wohl von selbst. Wie bereits im I. Abschnitt[1]) erwähnt wurde, übersetzte 6 Jahre nach Lopes Tod Bartol. Alva im Jahre 1641 die 2 Comedias des Dichters: „El animal profeta y dichoso parricida San Julián" und „La madre de la mejor" ins Mexicanische. Dass aber schon zu Lebzeiten Lopes und zwar schon zu Beginn des 17. Jahrhunderts die Schauspiele des Dichters in Amerika Verbreitung und Beifall gefunden haben, beweist die von Sevilla aus am 31. Dezember 1603 geschriebene Vorrede[2]) zu seinem „El peregrino en su patria". Ebensowenig darf die auch durch Cervantes (La gran Sultana, Jornada III) bestätigte Nachricht in Zweifel gezogen werden, dass Lopes berühmtes Schauspiel: „La fuerza lastimosa" im Serail zu Constantinopel durch Morisken und spanische Sklaven aufgeführt wurde.

I. Am frühesten wohl zeigte sich der Einfluss der Lopeschen Dramen in Italien. So nennt Lope selbst in der eben angeführten Vorrede zu seinem „El peregrino en su patria" in erster Linie Italien, wo, wie auch in Frankreich und Amerika, seinen Neidern in Spanien zum Trotz, seine Werke mit Begeisterung gelesen wurden. Wie sodann Louis Riccoboni in seiner Geschichte des italienischen Theaters bemerkt, wurden ungefähr seit dem Jahre 1620, also zur Zeit, als Lopes Dichterruhm auf seinem Höhepunkt stand, die einheimischen Trauer- und Lustspiele der Italiener nach und nach ganz durch Uebersetzungen und Nachahmungen spanischer Komödien und Tragikomödien von der Bühne verdrängt. Ich führe die Stelle Riccobonis,[3]) der die erwähnte Thatsache als „décadence du théâtre" bezeichnen zu sollen glaubt, wegen ihrer Wichtigkeit im Wortlaut an: „Les tragédies changèrent de face, et on substitua à leur place les comédies ou tragi-comédies Espagnoles, que l'on traduisait, ou que l'on fit à leur imitation; l'Empereur Charles-Quint laissa dans les royaumes de Naples et de Sicile, dans le duché de Milan et dans d'autres provinces, plusieurs cours de seigneurs Espagnols, et c'est ce qui occasionna cette corruption du théâtre." Wenn auch an dieser Stelle Lopes Name nicht ausdrücklich erwähnt wird, so sind doch ohne Zweifel seine Comedias in erster Linie gemeint. Dafür spricht auch die fälschlich dem bekannten italienischen Dichter Marino[4]) zugeschriebene Trauerrede auf Lopes Tod, welche u. a. die in Italien und Frankreich übliche Sitte erwähnt, dass die Theaterdirektoren, um den Gewinn ihrer Vor-

---
[1]) Vgl. Beristain y Souza S. 10.
[2]) Prólogo: „. . . . á los que leen mis escritos con afición . . . . . en Italia, y Francia, y en las Indias."
[3]) Histoire du théâtre Italien depuis la décadence de la Comedie Latine. Paris, Pierre Delormel. 1728. p. 46.
[4]) Obras sueltas XXI, 18. Farinelli, Grillparzer und Lope de Vega, berichtigt S. 196 f. den Irrtum Schacks II, 229, und anderer Literarhistoriker, wornach Marino selbst, der bereits 1625, also 10 Jahre vor Lopes Tod starb, die Trauerrede auf den Dichter verfasst habe. F. vermutet den Sammler des Bandes „Essequie poetiche" etc. Venezia 1636, Lopes Freund Fabio Franchi als Verfasser.

stellungen zu erhöhen, auf den Anschlagzetteln ankündigten, die aufzuführende Komödie sei von der Erfindung des Lope de Vega, und dieser blosse Name genüge, um so viele Zuschauer herbeizulocken, dass weder das Schauspielhaus die Menschenmenge, noch die Kasse die Einnahmen zu fassen vermöge. Im Einklang hiemit steht die wichtige, bei Pellicer[1]) mitgeteilte Notiz, dass nach dem Zeugnis des Pater Tomas Hurtado (Tractatus varii resolutionum moralium, pars posterior, p. 127) unter Papst Gregor XV. (1621—1623) und mit dessen Einwilligung spanische Schauspieler zu Rom öffentliche Vorstellungen gegeben hätten. Hurtado fügt noch bei, dass nicht bloss in Rom span. Stücke aufgeführt worden seien, sondern dass auch längere Zeit ganz Italien verschiedene Schauspielergesellschaften durchzogen hätten, und erwähnt dabei die Schauspielerin Maria Laredo, welche nach dem Berichte ihres Chronisten beständig bei den Schauspielergesellschaften in Italien sich aufhielt und niemals mehr nach Spanien kam. So verdient denn auch die wohl auf den eben angeführten Stellen Riccobonis u. Pellicers beruhende Angabe Ticknors[2]), dass zu Rom, Neapel und Mailand — Städte, welche von zahlreichen Spaniern bewohnt waren — Lopesche Dramen in spanischer Sprache aufgeführt, sowie die andere, dass solche Stücke häufig auch in Italien, sowohl zu Lebzeiten Lopes als nach dessen Tode, gedruckt worden seien, volle Glaubwürdigkeit. Ueber die Titel freilich dieser in Italien aufgeführten, gedruckten oder ins Italienische übertragenen Schauspiele Lopes kann fast nichts mit Sicherheit angegeben werden, wie auch bezüglich der Nachahmungen Lopes durch italienische Dramatiker nur ganz weniges sicher feststeht. Riccoboni macht in seinem Werk (p. 47) unter den ins Italienische übersetzten und als „les plus beaux ornements du théâtre Italien" bezeichneten Tragi-comédies Espagnoles nur je 1 Stück von Calderon, Montalban und Tirso de Molina namhaft, nämlich: La vida es sueño, El valiente Nazareno Sanson und El burlador de Sevilla (Le Festin de Pierre) und fügt dann bei: „et d'autres semblables". Bezüglich der Bearbeitungen oder Nachahmungen Lopescher Comedias durch italienische Dramatiker darf wohl nur das als ziemlich sicher angenommen werden, dass Sforza d'Odis „I morti vivi" nach Lopes „Los muertos vivos" und Carlo Celanos (1617—1693) „Chi tutto vuol tutto perde" nach Lopes „Quien todo lo quiere" verfasst sind,[3]) sowie dass das Vorbild zu Cicogninis „La moglie di quattro mariti" Lopes Comedia „Los palacios de Galiana" bildet.[4]) Von den in Italien gedruckten und natürlich auch aufgeführten Schauspielen des Dichters steht wenigstens eines sicher fest: „El vellocino de oro", welches 1649 zu Mailand gedruckt wurde.[5])

II. Vielleicht noch grösser, jedenfalls aber im einzelnen leichter nachweis-

---

[1]) Tratado etc. II, 197—198.
[2]) Bostoner Ausgabe II, 316 und 317. Ticknor-Julius, Supplementband, S. 100.
[3]) Vgl. Schack III, 441 und 442.
[4]) Farinelli a. a. O. S. 3. welcher einen ausführlichen Nachweis hiefür in Aussicht stellt.
[5]) Vgl. die Angaben des I. Abschnittes S. 15.

bar, ist der Einfluss, welchen Lope de Vega auf das französische Theater ausgeübt hat, ein Einfluss, welchen auch die französischen Dramatiker des 17. und 18. Jahrhunderts, selbst ein Molière, Corneille und Voltaire keineswegs in Abrede stellen. So gesteht z. B. Voltaire[1]) unumwunden ein, dass Frankreich „Spanien seine erste wahre Tragödie und sein erstes Charakterlustspiel verdanke", sowie dass die Franzosen zur Zeit Ludwigs XIII. u. XIV. sich mehr als 40 dramatische Arbeiten der Spanier — an deren Spitze steht jedenfalls Lope de Vega — sich angeeignet haben. Von letzterer Angabe urteilt Schack (II, 681) wohl mit Recht, dass man sie noch für viel zu gering halten müsse, wenn gleich zuzugeben ist, dass Schack das französische Drama und seine Abhängigkeit von spanischen Vorbildern im allgemeinen nicht ohne Voreingenommenheit beurteilt hat. Unter den französischen Nachahmern Lopes ist in erster Linie der dramatische Dichter Jean de Rotrou (1609—1650) zu erwähnen, auch aus dem Grunde, weil er unter den Franzosen vielleicht das grösste Geschick bei der Nachahmung und Bearbeitung der spanischen Originale an den Tag gelegt hat. So ist vor allem Rotrous „La bague de l'oubli", wie Rotrou selbst in seinem Avis au lecteur bemerkt, „une pure traduction de l'auteur espagnol de Vega, und zwar des anmutigen, 1619 gedruckten Lustspiels „La sortija del olvido." (Der Ring der Vergessenheit). Ebenso ist Rotrous „Les occasions perdues" eine ziemlich enge Nachahmung von Lopes „La ocasión perdida." Auch Rotrous „Laure persecutée" ist, wie namentlich Stiefel[2]) nachgewiesen hat, eine fast wörtliche Uebertragung von Lopes „Laura perseguida", wenigstens bis zum Anfang des III. Lopeschen Aktes, welchen Rotrou für seine Zwecke nicht mehr verwendbar fand und deshalb in seinem 4. und 5. Akte wesentlich umgestaltete. Dass Lopes zwei Comedias: „El poder vencido y el amor premiado" und „Mirad á quien alabais" zwei Quellen der „L'heureuse constance" Rotrous sind und dass letzterer aus beiden Stücken die Grundgedanken sehr geschickt verwertet hat, ist ein Verdienst der Steffens'schen Untersuchung.[3]) Nicht unwahrscheinlich ist auch Steffens' (S. 89) Vermutung, dass Lopes nur als Suelta vorhandenes Drama „El naufragio prodigioso" die Vorlage für Rotrous „L'heureux naufrage" gewesen sei. Was dagegen Rotrous „Don Lope de Cardonne" und „La belle Alfrède" anlangt, welche Puibusque II, 415 und nach ihm Schack II, 683 als Nachahmungen von Lopes „Don Lope de Cardona" und „La hermosa Alfreda" bezeichnen, so sind die Quellen der beiden Rotrouschen Stücke unbekannt und das Gemeinsame der spanischen und französischen Dramen besteht fast nur in den gleichen Titeln derselben.[4])

---

[1] Vergl. Schack II, 681.
[2] Litteraturblatt für germanische und romanische Philologie. Heilbronn, Henninger, 1884. V, 400.
[3] Steffens, Rotroustudien I. S. 63—72.
[4] Vgl. Steffens S. 88 u. 103.

Weniger glücklich als Rotrou war in der Nachahmung Lopescher Dramen Frankreichs grösster Tragiker, Pierre Corneille (1606—1684), der, wie er auch andere spanische Stücke, z. B. in seinem „Le Menteur" Alarcons „La verdad sospechosa", so auch in seinem „Don Sanche d'Aragon" Lopes „El palacio confuso" und in seiner „La suite du Menteur" Lopes „Amar sin saber á quien" nachgeahmt hat. Dass Lope das Original zu seiner „La suite du menteur" sei, gesteht Corneille selbst im Eingang seiner Epître,[1]) während Viguiers Remarques sur la suite du Menteur comme imitation d'une comédie de Lope de Vega in der Corneille-Ausgabe von Marty-Laveaux die Vorzüge des spanischen Originals vor der französischen Nachahmung, welche auch auf der Bühne keinen Erfolg erzielte, unwiderleglich darthun.[2]) Bezüglich des 1651 entstandenen „Don Sanche d'Aragon" gibt Corneille die spanische Quelle ebenfalls an, und zwar am Eingang seines „Examen" über das Stück (l. c. p. 637): „Cette pièce est toute d'invention, mais elle n'est pas toute de la mienne. Ce qu'a de fastueux le premier acte est tiré d'une comédie espagnole, intitulée El Palacio confuso." Die irrtümliche Ansicht einzelner Litterarhistoriker z. B. des Ochoa, Teatro escogido de Lope de Vega, p. 515, dass P. Corneilles „Les Horaces" eine Nachahmung von Lopes „El honrado hermano" sei, hat Bolz, die spanischen Vorbilder P. Corneilles, widerlegt.

Dass auch Frankreichs erster Lustspieldichter, Molière (1622—1673), in nicht wenigen seiner Dramen den Einfluss verschiedener spanischer Dramatiker, wie Calderons und Moretos, und so auch Lope de Vegas erkennen lässt, ist unleugbar, wenn gleich zuzugeben ist, dass einzelne deutsche Gelehrte, wie Schack und Klein Molières Abhängigkeit von seinen spanischen Vorbildern zu stark betonen und jedenfalls der Satz Molands[3]) unbestreitbar ist: „L'influence du théâtre espagnol sur notre grand poète comique (Molière) n'est pas comparable à celle exercée par le théâtre italien." So wird wohl auch in Bezug auf die Nachahmung des Lope de Vega durch Molière die Ansicht Mahrenholtzs[4]) im allgemeinen richtig sein, „dass Molière dem spanischen Drama gegenüber grössere Freiheit und Selbständigkeit (als seinen ital. und lat. Vorbildern gegenüber) bewahrt, und dass er aus ihm nur vereinzelte Scenen, untergeordnete Motive, unbedeutende Charakterzüge, nicht die Grundgedanken und Grundlage seiner dramatischen Schöpfungen entnommen habe." Bezüglich des bekannten „L'amour médecin" Molières gibt übrigens Mahrenholtz[5]) selbst zu: „Der Grundgedanke, dass eine Liebeskranke durch

---

[1]) Oeuvres complètes de P. Corneille. Paris, Firmin-Didot, 1886. I. 432.
[2]) Vgl. Bolz. Die spanischen Vorbilder P. Corneilles. Dissertation. Greifswald, 1878. S. 16 und Peters S. 17 und 18.
[3]) Molière et la Comédie ital. 1867. Préf. p. III.
[4]) Herrigs Archiv Bd. 60 S. 284: Molière in seinem Verhaltnis zur span. Komödie.
[5]) Molières Leben und Werke S. 196—197 und Herrigs Archiv S. 288 und 289.

Vereinigung mit dem Geliebten geheilt wird, ist aus Lopes auch in Einzelheiten benützten „Acero de Madrid" entlehnt, doch ist die Ausführung selbständig." Als Quelle der „L'école des maris" Molières ist bisher ziemlich allgemein Lopes „La discreta enamorada" angenommen worden. Während nun aber Mahrenholtz, Molières Leben und Werke S. 129, dieses Stück für die einzige spanische Quelle hält, hat v. Schack, seine frühere Ansicht (II, 685 u. III, 448) berichtigend, in den Nachträgen zu seinem Werke (III, 104) die beachtenswerte Ansicht aufgestellt: „Molières École des maris bietet zwar in einzelnen Scenen Reminiscenzen aus Lopes Discreta enamorada und El mayor imposible dar, ist aber im Wesentlichen aus El marido hace mujer von Antonio de Mendoza genommen." In der That macht auch die Aehnlichkeit der Charaktere und der beiden Stücken gemeinsame Grundgedanke[1]) die Benützung Mendozas durch Molière sehr wahrscheinlich. Als weitere Nachahmung einer Lopeschen Vorlage betrachtet Schack II, 685 die berühmte Versöhnungsscene in Molières Tartuffe, welche dem Perro del hortelano des Lope de Vega entnommen sei, während Mahrenholtz[2]), übrigens ohne genügende Begründung, bemerkt, von einer Benützung des Lopeschen Stückes könne kaum die Rede sein. Dagegen glaubt Mahrenholtz,[3]) in Molières „femmes savantes" sei der Charakter Belisens einzig aut Lopes „Los melindres de Belisa" zurückzuführen, während Schack III, 448 ausser diesem Stück auch noch Calderons „No hay burlas con el amor" und Zarates „La presumida y la hermosa" als Vorbilder Molières bezeichnet. Bezüglich des Calderonschen Stückes hat übrigens schon Humbert[4]) durch eine genaue Vergleichung desselben mit der Molièreschen Komödie die Unrichtigkeit der Ansicht Schacks nachgewiesen. Wenn endlich Mahrenholtz, Molières Leben und Werke S. 198, bemerkt, am Schlusse des Molièreschen „Médecin malgré lui" sei Lopes „Acero de Madrid" „in Kontribution gesetzt", so habe ich bei einer Vergleichung des betr. Schlusses[5]) mit dem spanischen Drama diese ohne Begründung aufgestellte Ansicht nicht bestätigt gefunden. Ueberhaupt ist, wie bei Corneille, so auch bei Molière der Nachweis der benutzten Quellen meist überaus schwierig, da Molière, wie Peters S. 25 f. richtig bemerkt, „nach seinem genialen Ausspruche Je prends mon bien où je le trouve überall Entlehnungen machte und oft mehrere Stücke in seinen Komödien kontaminierte".

---

1. Vgl. Peters S. 22, welcher die Worte Don Juans anführt, welche den Grundgedanken der span. sowohl als der franz. Komödie wiedergeben, und welche Molière in freier Uebertragung der Lisette in den Mund legt; bes. D. Juan: „firme suele mantenerse en la confianza nuestra" und Lisette: „Le plus sûr est, ma foi, de se fier en nous."
2) Molière und seine Werke S. 34 u. 134.
3) Herrigs Archiv Bd. 60, S. 289.
4 Archiv für das Stud. d. n. Spr. 1858, XXIII. 63 ff.
5. Vgl. Oeuvres complètes de Molière. Nouvelle édition par Moland. Tome IV. Paris, Garnier Fr., 1863 p. 230—239.

Das gleiche gilt natürlich auch von den gleichzeitigen französischen Komödiendichtern zweiten und dritten Ranges, welche ebenfalls Lope de Vega, wie auch Calderón, Tirso de Molina, Moreto, Rojas, Alarcón u. a. stark benutzt und ausgebeutet, häufig geradezu „geplündert" haben. So haben d'Ouville in seinem „L'absent chez soi" Lopes „El ausente en el lugar" und in seinen „Les morts vivans" Lopes „Los muertos vivos", Sainte-Marthe in seinem „Aimer sans savoir qui" Lopes „Amar sin saber á quien", Montfleury in seiner „L'école des jaloux" Lopes „Argel fingido y renegado de amor", Gilbert in seinen „Intrigues amoureuses" Lopes „Amar sin saber á quien", Marivaux in seinen „Les fausses confidences" Lopes „El perro del hortelano" und Le Sage in seinem „Don Felix de Mendoce" Lopes „Guardar y guardarse" nachgeahmt beziehungsweise bearbeitet.[1]) Auch Boisroberts 1653 erschienene Komödie „La folle gageure ou les divertissements de la comtesse de Pembroce" ist eine Bearbeitung eines Lopeschen Stückes, nämlich seines berühmten Lustspiels „El mayor imposible", obgleich auffallenderweise weder Puibusque, noch Schack, Klein u. a. es erwähnen. In der Epître dédicatoire[2]) nennt freilich Boisrobert Lope nicht, bemerkt aber, dass er „le fond de cette pièce" aus dem Spanischen entnommen und u. a. die Scene von Neapel im spanischen Original nach London verlegt habe. Bekanntlich ist der Grundgedanke dieses Stückes, in welchem nach Schack II, 374 „alle Grazie, Feinheit und Anmut, die nur ein Lustspiel schmücken kann, vereinigt zu sein scheint", die Beantwortung der Frage, welches die grösste Unmöglichkeit sei, bei welchem Anlass die Königin Antonia von Neapel die Behauptung aufstellt, das unmöglichste von allen Dingen sei, ein Weib zu hüten. Um den gleichen Grundgedanken auch im französischen Stück kurz hervorzuheben, seien nur die Worte Lidamants[3]) in der 11. Scene des III. Aktes angeführt:

> „Je lui soutiens, Madame, et veux gager de plus,
> Qu'une femme qu'on garde, eût-elle cent Argus,
> Si son coeur y consent, peut avoir des nouvelles
> De l'amant qui la sert, malgré les sentinelles;
> Qu'amour, en ses desseins, tout seul, la peut ayder,
> Et qu'il est impossible enfin de la garder."

Was Paul Scarrons „L'écolier de Salamance" anlangt, von welchem der Verfasser selbst in der Widmung sagt: „L'écolier de Sal. est un des plus beaux sujets espagnols qui ait paru sur le théâtre français depuis la belle comédie du Cid", so hat Puibusque II, 463 behauptet, das Stück sei aus Lope de Vega entlehnt, ohne

---

[1]) Vgl. Puibusque II, 461—463 und Schack II, 686 und Nachträge III, 104—105.
[2]) Parfait VII, 313.
[3]) Parfait VII, 316.

aber einen bestimmten Titel anzugeben. Während nun Gröhler in seinem Artikel[1] „Paul Scarron als Komödiendichter" in den ihm zugänglichen ausgewählten Werken des spanischen Dichters das entsprechende Stück vergeblich gesucht zu haben erklärt, hat Peters S. 30, und ebenso Morillot[2] die wirkliche spanische Vorlage zu Scarrons Stück aufgefunden, nämlich das Drama Rojas': „Obligados y ofendidos, y gorrón de Salamanca."

Noch sei zum Schlusse der französische Tragiker Alexander Hardy erwähnt, der allerdings bereits zwischen September 1631 und Oktober 1632 gestorben ist,[3] und von dessen über 600 Dramen nur noch 41 in einer von Hardy selbst 1624—1628 besorgten Ausgabe vorhanden sind. Dass aber Hardy bei seiner bekannten Produktivität auch nach dem Jahre 1628 noch eine Anzahl Dramen verfasst habe, ist wohl unbestreitbar, trotzdem kein Stück aus dieser letzten Periode seines Lebens erhalten ist. Wenn nun auch Nisard[4] offenbar zu weit geht mit seiner Behauptung, dass Hardy nicht nur eine Anzahl spanischer Dramen bearbeitet habe, sondern dass er auch seine Methode Lope de Vega verdanke, so ist doch angesichts der beiden Thatsachen, dass gerade in den Jahren 1628—1632 der Einfluss der spanischen Dramatiker, zumal des Lope de Vega,[5] in den gleichzeitigen französischen Dramenerzeugnissen unverkennbar ist, sowie dass mindestens 5 oder 6 der erhaltenen Stücke Hardys spanischen Novellen (z. B. des Cervantes) entlehnt sind,[6] der Einfluss der spanischen Dramatiker, und unter ihnen des Lope de Vega, auf Hardy, wenn auch nicht mit völliger Sicherheit, so doch mit grösster Wahrscheinlichkeit anzunehmen. Jedenfalls aber ist Rigals (p. 237) Folgerung: „Hardy n'a pas imité et, sans doute, il n'a pas connu les tragédies que l'Italie, l'Espagne, l'Angleterre avaient publiées sur les sujets traités par lui" völlig unerwiesen, und man wird den Worten zustimmen dürfen, mit welchen Peters (S. 8 und 9) seine Untersuchung über Hardy schliesst: „Wie der bei weitem grösste Teil der Stücke Hardys, so sind auch die meisten Dramen seiner Zeitgenossen für uns verloren. Doch wer sagt uns, wie viele unter ihnen aus dem unerschöpflichen Novellenschatze der Spanier ihre Stoffe entlehnt, wie viele von dem eben aufgehenden Sterne Lope de Vegas ihre Strahlen geborgt haben?"

III. Ueber die Verbreitung, die Aufführungen und Nachahmungen Lopescher Schauspiele in anderen Ländern sind nur spärliche Nachrichten auf uns gekommen.

---

[1] Zeitschrift für französische Sprache und Litteratur. XII. Bd. Berlin, W. Gronau, 1890. S. 54 u. 55.
[2] Morillot, Scarron et le genre burlesque. Paris, Lecène et Oudin, 1888 p. 296.
[3] Vgl. Regal, Alex. Hardy et le théâtre français à la fin du XVI. et au commencement du XVII. siècle. Paris, Hachette, 1889. p. 37 und 38.
[4] Histoire de la littérature française. Paris, Firmin-Didot, 1881. Tome II, 95. Puibusque II, 67 behauptet gar von Hardy: Il a ravagé les terres de Lope de Vega, ohne aber auch nur ein einziges „geplündertes" Stück Lopes namhaft zu machen.
[5] So erschien z. B. 1628 Rotrous „La bague de l'oubli" und 1631 Rotrous „Les occasions perdues" und „L'heureuse constance", lauter Nachahmungen Lopescher Stücke.
[6] Vgl. Parfait IV, 125, 163 und 269. Puibusque II, 403 und Peters S. 8.

— 49 —

Am grössten nächst Italien und Frankreich war jedenfalls, wie namentlich die trefflichen Untersuchungen Winkels[1]) beweisen, ihre Verbreitung in den Niederlanden, und zwar hauptsächlich in der zweiten Hälfte des XVII. und teilweise noch am Anfange des XVIII. Jahrhunderts. Mit Recht konnte Winkel (p. 61 und 93) hervorheben, einmal, dass der Einfluss der spanishen Literatur auf das Niederländische sicher dreimal so gross gewesen sei, als der italienische, von dem englischen nicht zu reden; sodann, dass auf keinem Gebiet der Einfluss der spanischen Litteratur in den Niederlanden grösser gewesen sei, als auf dem des Dramas, und endlich, dass unter allen spanischen Dramatikern Lope de Vega den grössten Einfluss ausgeübt habe. Im ganzen können etwa 13 Stücke namhaft gemacht werden, welche direkt aus dem Spanischen des Lope de Vega entnommen sind:

1) Nach Winkel (p. 106) wurde eine Bearbeitung der Lopeschen „La hermosa Alfreda" durch P. A. Codde unter dem Titel „Alfreda" veröffentlicht und bereits am 18. März 1641 zum ersten Male zu Amsterdam aufgeführt; ebendaselbst erschien auch der erste und zweite Druck des Stückes in den Jahren 1641 und 1658.

2) Wie Wybrands[2]) (p. 257) aus dem Repertoire der Amsterdamer Schaubühne vom Jahre 1638—1665 mitteilt, wurde am 10. Februar 1642 auf derselben ein Stück mit dem Titel „Mendosse" aufgeführt, höchst wahrscheinlich eine Bearbeitung von Lopes „Guardar y guardarse", worin Don Félix de Mendoza die Hauptrolle spielt. Jedenfalls aber wurde im Jahre 1708 zu Amsterdam eine niederländische Uebersetzung dieses Stückes herausgegeben unter dem Titel:[3]) „Don Felix de Mendoza of de verwarde argwaan. Blijspel, gevolgt na het Spaansche van Don Lopes de Vega Carpio."

3) Eine Uebersetzung von Lopes „Laura perseguida" kam 1645 durch A. Karels van Germez of Zjermez unter dem Titel „Verfolgde Laura" zu Amsterdam heraus und wurde nach Wybrands (p. 258) am 13. März des nämlichen Jahres daselbst auch aufgeführt. Als Beweis für die Beliebtheit dieses Stückes kann Winkel p. 94 einen dritten und vierten Druck desselben 1679 zu Amsterdam und einen weiteren 1716 zu Leyden anführen.

4) Grosser Beliebtheit erfreute sich auch die 1646 zu Amsterdam gedruckte und ebendaselbst zum erstenmal am 3. Mai dieses Jahres aufgeführte „Gedwongen Vrient" von Isak Vos, eine etwas abgekürzte Uebersetzung von Lopes „El amigo por fuerza." Die holländische Uebersetzung wurde nach Winkel p. 94 noch viermal zu Amsterdam gedruckt: 1649, 1678, 1704 und 1743.

5) Noch grösseren Erfolg erzielte die wiederum durch Isak Vos unter dem Titel „De beklaeglijcke dwang" besorgte und 1648 zu Amsterdam gedruckte

---

[1]) Vgl. I Abschnitt S. 20.
[2]) Vgl. I. Abschnitt, S. 19.
[3]) Winkel p. 93.

Uebersetzung von Lopes „La fuerza lastimosa", ein Stück, welches nach Wybrands p. 259 zum erstenmal am 30. März 1648 auf der Amsterdamer Schaubühne aufgeführt wurde und nach Winkel p. 94 mindestens 13 Ausgaben erlebte, darunter 12 in Antwerpen: 1648, 1655, 1661, 1669, 1677, 1694, (das Jahr des 7. Druckes ist nicht bekannt), 1707 (zweimal), 1720, 1729 und 1764. Ausserdem ist noch eine als 10. Druck bezeichnete Ausgabe zu Dendermonde 1780 bekannt. Aus diesen zahlreichen Drucken lässt sich ein Schluss ziehen auf die Menge der Aufführungen dieses Stückes, das, wie das folgende zeigen wird, auch in Deutschland eine ausserordentliche Zugkraft auf das Theaterpublikum ausgeübt hat.

6) Ein weiteres in den Niederlanden beliebtes Zugstück war Lopes „El palacio confuso", welcher durch Leonard de Fuyter unter dem Titel „Verwarde Hof" ins Niederländische übertragen und nach Wybrands p. 259 zum erstenmal am 19. September 1647 zu Amsterdam aufgeführt wurde. Eine zweite, vermehrte und vielfach verbesserte Ausgabe erschien 1656 zu Amsterdam; ausserdem sind noch 5 weitere Amsterdamer Drucke aus den Jahren 1665, 1671, 1679, 1699 und 1740 bekannt.[1])

7) Ein anderes Drama Lopes „La pobreza de Reynaldos" übersetzte nach Winkel p. 95 der niederländische Dichter Cornelis de Bie (geb. 1627) unter dem Titel „Armoede van den graeve Florellus, of Lijden sonder wraeck" und gab es 1671 in Antwerpen heraus.

8) Der nämliche Dichter Cornelis de Bie übersetzte auch Lopes „El gran Duque de Moscovia" unter dem Titel „Den grooten hertoghe van Moskovien oft gheweldighe heerschappije", zu Antwerpen gedruckt und zu Lier 1672 aufgeführt. Ein anderer Druck der gleichen Uebersetzung mit einem anderen weitläufigeren Titel erschien ebenfalls zu Antwerpen, während eine zweite Uebertragung des Lopeschen Stückes durch Antonio Franscisco Wouthers zu Brüssel bei Pieter Dobbeleer herauskam.[2])

9) Das Trauerspiel von Bies Landsmann, des Antonio Francisco Wouthers „De verliefde stiefmoeder, of de Gestrafte bloedschande", welches nach Winkel p. 96 zu Antwerpen 1655 herausgegeben wurde, ist eine Uebersetzung der berühmten Tragödie Lopes: „El castigo sin venganza." Bezüglich der Aufführung des Stückes sind bestimmte Daten nicht bekannt.

10) Eine weitere furchtbare Tragödie Lopes: „La Reyna Juana de Nápoles" wurde durch H. de Graef unter dem Titel „Joanna, Koningin van Napels of den trotzen dwinger" ins Niederländische übersetzt und nach Wybrands p. 262 am 17. Januar 1664 auf der Amsterdamer Schaubühne aufgeführt. Ein zwei-

---
[1]) Winkel p. 95.
[2]) Winkel p. 95 u. 96. Das Erscheinungsjahr der beiden letzterwähnten Drucke ist nicht angegeben.

ter und wahrscheinlich auch letzter Druck der Graefschen Uebersetzung kam 1669 zu Amsterdam heraus.

11) Im Jahre 1655 wurde das Lustspiel „De geheijme Minnaar", ein Werk der gefeierten Dichterin Katharina Questiers, gedruckt und nach Wybrands p. 260 am 18. Januar desselben Jahres zum erstenmal in Amsterdam aufgeführt. Dem Lustspiel liegt wohl ohne Zweifel das anmutige Drama Lopes: „Amor secreto hasta zelos" zu Grunde.[1])

12) Von derselben Dichterin wurde nach Wybrands p. 261 am 16. Oktober 1656 zu Amsterdam ein weiteres Stück aufgeführt und im nämlichen Jahre auch gedruckt, nämlich: „Casimier of gedempte hoogmoet." Die Quelle des Stückes ist wohl Lopes „El triunfo de la humildad y soberbia vencida."

13) Endlich wurde aus dem Spanischen des Lope de Vega durch E. D. S. M. übersetzt und 1674 zu Amsterdam gedruckt: „De mislukte liefde en trouw van Rugero, prins van Navarra." Ich glaube nicht zu irren, wenn ich als Quelle der Uebersetzung Lopes „El servir con' mala estrella" bezeichne, in welchem Stück der französische Edelmann Rugero de Valoes am Hofe des Königs Alfonso VIII. von Castilien die Hauptrolle spielt.

Ausser diesen 13 direkt auf dem Spanischen des Lope de Vega beruhenden niederländischen Uebersetzungen kann mit Sicherheit noch 1 niederländisches Stück namhaft gemacht werden, welches aus einer französischen Bearbeitung eines Lopeschen Dramas geschöpft ist. Es erschienen nämlich von der französischen Bearbeitung des Lopeschen Lustspiels „El mayor imposible", welches Boisrobert 1653 unter dem Titel „La folle gageure" etc. herausgab, im J. 1671 zwei niederländische Uebersetzungen, die eine von Joannes Blasius unter dem Titel „De malle wedding" die andere von N. V. A. unter dem Titel „De malle wedding of gierige Geeraardt". Obgleich die letztere Uebersetzung weniger gelungen war, als die des Blasius, so behauptete sie sich doch allein auf der Bühne, wie die zahlreichen Drucke des Stückes zu Amsterdam: 1671, 1679, 1681, 1713, 1727 u. 1750 beweisen.[2])

Endlich ist wenigstens eines der Autos sacramentales des Lope de Vega ins Niederländische übersetzt worden, nämlich: „El hijo pródigo" durch Cornelis de Bie unter dem Titel: Den verloren sone Osias oft bekeerden sondaer". Das Stück wurde nach Winkel p. 96 im J. 1678 zu Lier aufgeführt und 1689 zu Antwerpen im Druck herausgegeben.

Winkel (p. 96) zweifelt nicht, dass von den 45 Stücken des eben mehrfach als Uebersetzer Lopescher Stücke erwähnten Cornelis de Bie beinahe alle in spanischen Originalen wiedergefunden werden können; das gleiche urteilt er über

---

[1]. Bei den Stücken 11—13 gibt Winkel p. 96 u. 97 nur Lope de Vega im allgemeinen als Original der Uebersetzung an, nicht aber den Titel des übersetzten spanischen Stückes.
[2]) Vgl. Winkel p. 106

Bies Landsmann, Ant. Fr. Wouthers, der freilich als Dramatiker weniger fruchtbar war. Diese Ansicht darf jedenfalls einen hohen Grad von Wahrscheinlichkeit beanspruchen, wenn man die Thatsache erwägt, dass nicht bloss von Lope de Vega, sondern auch von zahlreichen anderen spanischen Dramatikern jener Zeit, wie von Tirso de Molina (1570 -1648), Alarcón (ca. 1580—1617), Luis Velez de Guevara († 1644), Montalbán (1602—1638), Rojas (geb. 1607 † nach 1660), Antonio de Solis (1610 - 1686), Moreto (1618—1669), namentlich aber von Calderón de la Barca (1600—1681), eine grosse Anzahl ihrer dramatischen Erzeugnisse, teils direkt nach dem Spanischen, teils — und noch mehr — nach französischen Uebersetzungen oder Bearbeitungen ins Niederländische übertragen worden ist.[1])

IV. Was den Einfluss des Lope de Vega, wie des spanischen Dramas überhaupt, auf das englische Theater des 17. Jahrhunderts anlangt, so lässt sich derselbe nur für das dritte Decennium desselben mit einiger Sicherheit feststellen. Wie Stiefel in seiner Abhandlung: „Die Nachahmung spanischer Komödien in England unter den ersten Stuarts" (S. 2 und 3) mit Recht bemerkt, wurde die Verbreitung der spanischen Dramen fast immer durch politische Beziehungen, besonders durch Heiraten spanischer Prinzessinnen mit auswärtigen Fürsten begünstigt, und so vermutet er als ein solches politisches Ereignis, das die Einführung der spanischen Komödie in England beförderte, die abenteuerliche Brautfahrt des Prinzen von Wales (des nachmaligen Königs Karl I.) nach Spanien im Frühjahr und Sommer des Jahres 1623. In der That fanden auch aus diesem Anlass, wie von Schack[2]) nach spanischen und englischen Quellen berichtet, am Hofe zu Madrid glänzende Festlichkeiten und theatralische Aufführungen der besten Comedias und auch Autos jener Zeit statt.[3]) Dass auf diese Weise im Herzen des Prinzen von Wales und seiner Begleiter der Wunsch erwachte, die herrlichen Dichtungen der Spanier in englischer Nachbildung auch im eigenen Vaterlande aufgeführt zu sehen, und dass in Folge dessen englische Bühnendichter immer mehr mit den Werken der spanischen Dramatiker, zumal des damals auf dem Höhepunkte seines Ruhmes stehenden Lope de Vega bekannt wurden, ist gewiss mehr als wahrscheinlich. Freilich lässt sich der Einfluss der spanischen Dichter überhaupt und so auch des Lope de Vega auf

---

[1]) Vgl. Winkel p. 97—113. So wurden z. B. direkt aus Calderon ins Niederländische übertragen: La vida es sueño und El mayor encanto amor; nach französischen Bearbeitungen: La gran Zenobia. La dama duende. El alcaide de si mismo. El mayor monstruo los celos. El encanto sin encanto. En esta vida todo es verdad y todo mentira. El astrólogo fingido.
[2]) Schack, Nachträge S. 68 u. 69 citirt als Beleg für seine Angabe handschriftliche Annalen des Leon Pinelo vom 23. März 1623, einen Brief des englischen Reisenden James Howell vom 10. Juli 1623 und aus den „Cartas que escrivio un cavallero desta Corte á un su amigo," einer Art Zeitung aus den Jahren 1621—1623, einen Brief vom 15. Aug. 1623.
[3]) So berichtet Pinelo von „Theatros con Danzas, bayles y Comedias, máscaras y otras invenciones", der spanische Brief vom 15. Aug. 1623 von „Comedias excelentes por los autores que las han hecho" . . . . und fügt bei: „Por la tarde se representaron los autos de los carros á la puerta de Palacio." Der engl. Brief endlich citirt u. a. auch eine vierzeilige Stanze des Lope de Vega auf das Brautpaar.

die englischen Bearbeitungen bei dem Verluste zahlreicher solcher Stücke und bei dem Mangel an zuverlässigen Nachrichten hierüber nur höchst unvollkommen und schwer nachweisen. Die älteste Nachricht, dass eine spanische Schauspielertruppe (des Juan Navarro) in London vor Karl I. gespielt habe, stammt, wie Collier[1]) mitteilt, aus dem Jahre 1635. Dass aber schon vorher die Comedias des Lope de Vega und anderer spanischer Dramatiker den Weg nach England gefunden haben, ist so gut wie sicher. So hat James Shirley (1596—1666), der letzte bedeutende englische Dramatiker der Shakespeareschen Zeit und zugleich der eifrigste Nachahmer der Spanier in England, etwa die Hälfte seiner 33 Dramen nach spanischen Vorbildern geschrieben und u. a. ums Jahr 1634 nicht bloss Tirso de Molinas „El castigo del Penséque"[2]) in seinem „The Opportunity", sondern auch schon vorher ums Jahr 1633 in seinem „The Young Admiral" Lope de Vegas bekanntes Drama: „Don Lope de Cardona" bearbeitet. Einzelne Schriftsteller nehmen allerdings an, dass schon die englischen Dramatiker aus der Zeit Jakobs I. (1603—1625) oder gar der Elisabeth (1558—1603) mit dem spanischen Drama bekannt gewesen seien. So behauptet z. B. Coleridge,[3]) die Lektüre der spanischen Dramatiker habe grossen Einfluss auf Geist und Ton von Beaumonts und Fletchers Stücken geübt und eine genaue Kenntniss aller Produkte der spanischen Bühne vor 1620 sei ein unumgängliches Erfordernis für den Herausgeber dieser Dichter, der den Quellen, aus welchen sie geschöpft, auf die Spur kommen wolle. So sagt ferner Moriz Rapp in der Einleitung zu seiner Uebersetzung von Shakespeares beiden Veronesern: „Dieses Stück konnte nicht ohne einen Einfluss aus der spanischen Bühne entstehen. Lässt man mir nicht gelten, dass der Dichter spanisch gelesen, so will ich glauben, er habe sich übersetzen und beschreiben lassen. Um 1591, wo es geschrieben sein soll, stand der u 1 zwei Jahre ältere Lope de Vega schon auf dem Gipfel seines Ruhmes und wenige Jahre später sehen wir seine Komödien schon zu vielen Hunderten durch den Druck verbreitet. Wie wär' es möglich, dass man in London von diesem vor ihm ganz unerhörten Ereignis nicht hätte Notiz nehmen sollen? Dieses Stück ist in jeder Faser spanisch und hat alle Vorzüge und alle Mängel einer Komödie von Lope." Demgegenüber hat aber Schack[4]) mit Recht betont, dass, so plausibel diese Annahme auch erscheine, sie sich doch durch äussere Daten nicht bewahrheiten lasse; dass seines Wissens kein altenglisches Schauspiel der in Rede stehenden Periode existire, dessen Entlehnung aus einer spanischen Komödie unzweifelhaft feststände, und dass

---

[1] History of English Dramatik Poetry II, 69. vgl. Schack II, 55
[2] Vgl. die Besprechung dieses Stückes und seiner Bearbeitung durch Stiefel a. a. O. S. 5—28.
[3] Notes and lectures on Shakespeare, London 1849, Vol. 1. p. 305.
[4] Schack, Nachträge S. 106.

endlich auch bei den Stücken des Beaumont und Fletcher,[1] wie oft man in ihnen Scenen und Verwicklungen antreffen möge, die eine allgemeine Familienähnlichkeit mit den Erfindungen des Lope de Vega haben, doch nur eine Benutzung spanischer Novellen nachgewiesen werden könne. Bezüglich Fletchers und einiger anderer englischer Dichter macht nun allerdings Stiefel (a. a. O. S. 3) die Bemerkung: „So haben einige von den letzten Werken des 1625 verstorbenen John Fletcher nicht nur, wie schon frühere, spanisches Colorit, sondern sind, wie mir zu finden gelungen ist, bestimmten spanischen Dramen nachgebildet. Den gleichen Weg betraten, wenigstens mit einzelnen Dramen, Thomas Heywood, Middleton, Dekker, Massinger, W. Habington u. a." Möge bezüglich der erwähnten englischen Dramen der Nachweis der bestimmten spanischen Originale, unter welchen sicher auch Lope de Vega vertreten sein wird, recht bald veröffentlicht werden.

V. Ich gehe nunmehr zu dem Einfluss über, den Lope de Vega im Laufe des 17. Jahrhunderts auf das Theater Deutschlands ausgeübt hat. Was zunächst die Behauptung Sismondis[2] anlangt, dass zu der Zeit, da die castilianische Sprache am meisten im Schwunge war, nicht bloss auf allen Bühnen in ganz Spanien, zu Mailand, Neapel und Brüssel, sondern auch zu Wien und München Lopesche Stücke aufgeführt worden seien, so lässt sich diese Angabe zwar, wenigstens in Bezug auf München[3]), nicht sicher beweisen, ist aber nicht unwahrscheinlich und hinsichtlich Wiens bei den langjährigen, engen Beziehungen des Wiener Hofes zu Spanien so gut wie sicher, zumal da schon im Jahre 1633 der spanische Text eines mythologischen Schauspieles von Lope: „El vellocino de oro" (das goldene Vlies) zu Wien bei einem gewissen Gregorius Gelbhaar gedruckt wurde. Es lassen sich aber von einer Reihe Lopescher Dramen teils mit völliger Sicherheit, teils mit grösster Wahrscheinlichkeit deutsche Nachahmungen, Bearbeitungen und Aufführungen in verschiedenen Teilen Deutschlands nachweisen. So wurde Lopes „El palacio confuso" unter dem Titel „verwirrter Hof oder König Karl" in eine „ungebundene hochdeutsche Rede gesetzt" von Georg Greflinger im Jahre 1652 zu Regensburg und Hamburg (gedruckt bei Jakob Rebenlein) herausgegeben. Unter dem Titel: „Der verwirrte Hof von Belvedere" oder „Herzog von Belvedere" wurde das Lopesche

---

[1] So werden gewöhnlich Aehnlichkeiten zwischen Beaumonts und Fletchers (welche seit 1607 sich zu gemeinsamem Schaffen verbunden hatten „Maid of the Mill" und Lopes „Quinta de Florencia," ebenso auch zwischen Websters „Duchess of Malfy" und Lopes „Mayordomo de la Duquesa de Amalfi" hervorgehoben. Ueber die Aehnlichkeiten zwischen Shakespeares „Romeo und Julie" und Lopes „Castelvines y Monteses" vgl. besonders Ludwig Fränkel, Untersuchungen zur Entwicklungsgeschichte des Stoffes von Romeo und Julie. Zeitschrift für vergleichende Litteraturgeschichte, N. F. IV. 1891. S. 48—91.
[2] Sismondi-Hain II, 332.
[3] Vgl. von Reinhardstöttner, Jahrbuch für Münchener Geschichte II, 59: „Ob spanische Stücke in München gespielt wurden oder nicht, mag dahin gestellt bleiben. Jedenfalls haben die grossen Meister des spanischen Dramas das Jesuitendrama wesentlich beeinflusst und zu seiner reichen Entfaltung mit beigetragen."

Stück auch wirklich im Jahre 1683 zu Dresden und 1690 durch den bekannten Theaterdirektor Velten und seine Wanderbühne am sächsischen Hofe zu Torgau aufgeführt;[1]) noch später nach Meissners[2]) Komödienverzeichnis um das Jahr 1700. Im Jahre 1690 wurde auch die „Unmögliche Möglichkeit" nach Lopes „El mayor imposible," ebenfalls durch Veltens Wandertruppe, am Hofe zu Torgau gegeben,[3]) und nach Meissners Komödienverzeichnis um 1700. Ein weiteres Drama Lopes, das in deutscher Bearbeitung erschien und nachweisbar wiederholte Aufführungen erlebte, war „La fuerza lastimosa." (Der unheilvolle Zwang.) Nachdem Harsdörffer schon in seiner 1643 zu Nürnberg herausgegebenen „Melisa, oder der Gleichniss Freudenspiel" Stellen aus Lopes „La escolástica zelosa" benutzt hatte, gab er im Jahre 1645, ebenfalls zu Nürnberg, im fünften Teile seiner Gesprächspiele eine Bearbeitung von Lopes „La fuerza lastimosa" heraus unter dem Titel: „Die Redekunst." Ein Freudenspiel. Um das Jahr 1660 wurde sodann der „Unheilvolle Zwang" am Hofe des Herzogs Gustav Adolf von Mecklenburg zu Güstrow durch die Stielersche Truppe aufgeführt, nachdem schon vorher der Zittauer Rektor Christ. Keimann am 5., 6. u. 7. März 1658 zu Zittau vier Stücke, darunter auch den „Kläglichen Bezwang" hatte aufführen lassen.[4]) Alle Wahrscheinlichkeit spricht auch für die Vermutung Dessoffs[5]), dass das Repertoirestück: „Vom Könnich Eduardo tertio ausz Engelandt, wirt sonsten genandt der begleliche zwanck", welches Michael Daniel Drey am 8. Septbr. 1666 neben anderen Stücken (z. B. dem „Verwirrten Hof") in seiner dem Magistrat der Stadt Lüneburg eingereichten „Demonstratio actionum" aufführt, Lope de Vegas „La fuerza lastimosa" war, und dass der in diesem Stück vorkommende König von Irland in der deutschen Bearbeitung in einen englischen König Eduard III. umgewandelt wurde. Wenn sodann Fürstenau[6]) berichtet, dass am 28. Juli 1668 zu Dresden die Komödie „Vom unschuldigen Gefangenen" aufgeführt worden sei, so ist dieselbe offenbar eine Nachahmung oder Bearbeitung von Lopes „La prisión sin culpa." Ein anderes Drama Lopes: „El amigo por fuerza" wurde im J. 1674 durch Martin von Kempe unter dem Titel: „Die Geschichte vom gezwungenen Freund, Prinzen Turbino" „in ein Freudenspiel reimweis gebracht";[7]) ob und wo auch Aufführungen dieser Bearbeitung stattfanden, ist mir nicht bekannt. Im Anfang des Jahres 1690 wurde nach Fürstenau[8]) am

---

[1] Vgl. Moritz Fürstenau, zur Geschichte der Musik und des Theaters am Hofe der Kurfürsten von Sachsen, Johann Georg II., Johann Georg III. und Johann Georg IV., Dresden, Rudolf Kuntze, 1861, I, 271 und 307. Heine, Johannes Velten, Halle, E. Karras 1887, S. 37 und 60. Heine, das Schauspiel der deutschen Wanderbühne vor Gottsched, S. 11.
[2] Meissner, Shakespeare-Jahrbuch Bd. XIX. S. 149, Nr. 58.
[3] Fürstenau 1, 307. Heine, Joh. Velten, S. 36 u. 60 u. Heine, das Schauspiel u.s.w. S. 11.
[4] Vgl. Dessoff, Ueber spanische, italienische und französische Dramen in den Spielverzeichnissen deutscher Wandertruppen, 1891 S. 7.
[5] Dessoff S. 7.
[6] Fürstenau 1, 228.
[7] Vgl. Dorer, Die Lope de Vega-Literatur in Deutschland, S. 22.
[8] Fürstenau 1, 307.

Hofe zu Torgau unter anderen Stücken auch die Komödie: „Die versäumte Gelegenheit" aufgeführt. Das spanische Original ist natürlich Lopes „La ocasión perdida", das gleiche Stück, das auch Rotrou für die französische Bühne bearbeitet hat. Noch sind einige deutsche Theaterstücke des 17. Jahrhunderts zu erwähnen, welche wenigstens mit grosser Wahrscheinlichkeit auf Lope de Vega als Original zurückzuführen sind. So findet sich unter den Repertoirestücken des bereits erwähnten Michael Daniel Drey (Demonstratio actionum vom 8. Sept. 1666) auch ein Stück mit dem Titel: „Der streit zwischen Aragonien und Cicilien." Die Grundlage desselben ist höchst wahrscheinlich Lope de Vegas „Don Lope de Cardona." In Lopes Stück hat nämlich Prinz Pedro von Aragon den Sohn des Königs von Sicilien im Turnier getötet, so dass zwischen beiden Ländern ein Krieg ausbricht. Die Hauptperson des Stückes ist Lope de Cardona, der zum Feldherrn der aragonischen Truppen ernannt wird, als Sieger heimkehrt, mit Undank gelohnt und verbannt wird, schliesslich aber nach vielen Leiden und wechselvollen Schicksalen die verdiente Anerkennung und Würdigung findet. Was sodann die Angabe Fürstenaus (I, 228) anlangt: „Am 20. u. 21. Septbr. 1668 spielten „fremde Comödianten" eine Tragikomödie: „Die erhöhte Demuth und der erniedrigte Hochmuth von Casimir und Ladislav, Könige in Polen", so vermutet Dessoff (S. 11), dass Fürstenau hier, wie ja bekanntlich auch sonst öfters, ungenaue Angaben mache, dass die Komödianten wahrscheinlich am 20. Septbr. „Die erhöhte Demuth" etc. und am 21. „Von Casimir" etc. gespielt hätten, und dass ersteres Stück wiederum nach Lope bearbeitet sei, und zwar nach: „El triunfo de la humildad y soberbia vencida." Von dem Original der Komödie „Von Casimir" etc. bemerkt Dessoff (S. 12), dass dasselbe ihm vorläufig noch nicht bekannt sei. Dass nun das obige Stück Lopes der deutschen Tragikomödie „Die erhöhte Demuth" etc. zu Grunde liege, ist bei der völligen Uebereinstimmung der beiderseitigen Titel wohl unbestreitbar. Ob aber bei dem von Fürstenau angegebenen Titel an zwei Stücke zu denken sei, scheint mir nicht wahrscheinlich zu sein. Lopes Stück behandelt die Geschichte zweier Brüder, welche als Herzoge und später als Könige von Albanien auftreten. Der ältere Bruder, Trebacio, ist hochmütig, der jüngere, Filippo, ist demütig und wird von Trebacio lange auf kaum glaubliche Weise misshandelt. Schliesslich aber wird der tyrannische Trebacio vertrieben und muss sich zu Kohlenbrennern flüchten, während der jüngere Bruder zum Könige gekrönt wird, sodass die Worte des Magnificat, welche eben ertönen, als Trebacio mit der seinem Bruder geraubten Braut die Kirche betreten will: „Deposuit potentes de sede, et exaltavit humiles" am Schlusse des Stückes an den beiden Brüdern in Erfüllung gehen. Da nun der Inhalt der von Fürstenau erwähnten deutschen Tragikomödie im einzelnen nicht bekannt ist, auch der Titel des von Dessoff vermuteten zweiten Stückes etwas unbestimmt lautet und zudem auch die Quelle desselben nicht bekannt ist, so dürfte es wohl richtiger sein, ein einziges auf Lope als Original beruhendes Stück anzunehmen, in welchem eben der deutsche Bearbeiter, wie dies ja oft bei ähnlichen Nachahmungen zu geschehen pflegt, die Namen des spanischen Originals geändert und aus den Königen von Albanien Könige von Polen gemacht hat. Was ferner das von Fürstenau (I, 307), Mentzel[1]) und Meissner[2]) in seinem Komödienverzeichnis erwähnte, 1686 zu Frankfurt, 1688 in Dresden und 1690 während der Carnevalszeit zu Torgau aufgeführte Stück: „Der schlimme Roderich" betrifft, so glaubt Meissner, dasselbe hänge mit Shakespeares Othello zusammen, während Fürstenau und Mentzel Corneilles Cid als Quelle vermuten. Ansprechender ist aber jedenfalls die Vermutung Dessoffs (S. 15), welcher an Lope de Vegas Drama: „El postrer godo de España" denkt, das die Geschichte des Roderigo, des letzten Gotenkönigs in Spanien, seine Verirrungen und seinen Untergang behandelt. Ebenso ist auch die weitere Vermutung Dessoffs (S. 11) nicht unwahrscheinlich, dass die 1689 zu Dresden aufgeführte „Jungfer Studentin" nicht, wie Heine[3]) annimmt, auf die holländische Posse von Theodorz Roodenborgh: „Jalousse Studentin" (1617), sondern auf die im Vorwort zu Lopes „El peregrino en su patria" aufgeführte, sonst aber nicht mehr bekannte Comedia des Dichters: „La dama estudiante" zurückzuführen sei.

Leider sind fast von allen diesen deutschen Bearbeitungen nur die Titel derselben überliefert, so dass ein sicherer Schluss auf den Inhalt derselben und eben damit auch auf die benutzte spanische Vorlage nur schwer gezogen werden kann.

§ 3.
Aufführungen, Nachahmungen, Bearbeitungen und Uebersetzungen der dramatischen Werke des Lope de Vega während des 18. und 19. Jahrhunderte.

I. Bezüglich des 18. Jahrhunderts kann ich mich kurz fassen. Mit der Herrschaft der Bourbonen gelangte auch auf der Bühne eine französische Geschmacksrichtung zur Herrschaft und verdrängte immer mehr Lope de Vega, wie die übrigen grossen Dramatiker, nicht bloss von der Bühne Spaniens selbst, sondern auch von der des Auslandes. Verhältnissmässig am längsten währte der Einfluss der dramatischen Werke Lopes in den Niederlanden. Derselbe zeigte sich noch in der ganzen ersten und vereinzelt auch noch in der zweiten Hälfte des 18. Jahrhunderts durch die bereits im Vorausgegangenen[4]) erwähnten Drucke und Aufführungen niederländischer Nachahmungen oder Bearbeitungen von Werken Lopes

---

[1] E. Mentzel, Geschichte der Schauspielkunst in Frankfurt a. M. von ihren Anfängen bis zur Eröffnung des städtischen Komödienhauses. Frankfurt a. M., Völcker, 1882. S. 120.
[2] Meissner, a. a. O. p. 153. Nr. 150.
[3] Heine, Johannes Velten. S. 35.
[4] Vgl. § 2 S. 49—51.

in den Jahren 1703, 1707, 1708, 1713, 1716, 1720, 1727, 1729, 1740, 1743, 1750, 1764 und 1780. Was Italien betrifft, so hat der bekannte Dichter Goldoni (1707 —1793) in seiner „La finta Ammalata" Lopes „El acero de Madrid" (Das Stahlwasser von Madrid) benutzt und dem Geschmacke seines italienischen Publikums entsprechend umgearbeitet.[1]) In Frankreich lenkte M. du Perron de Castera im Jahre 1738 durch seine auszüglichen Uebersetzungen aus 8 Comedias und 2 Zwischenspielen Lopes die Aufmerksamkeit wieder auf den grossen Dichter.[2]) In der zweiten Hälfte des 18. Jahrhunderts war es Henry Linguet (1736—1794), der in seinem verdienstvollen, 1770 erschienenen Théâtre espagnol ausser 5 Stücken Calderons auch 3 Dramen des Lope de Vega in französischer Bearbeitung herausgab und zugleich die oberflächlichen Angriffe des Blas Nasarre gegen die beiden Dichter kurz und schlagend widerlegte.[3]) In England erschien von Lopes bekanntem Drama „Los Castelvines y Monteses" 1770 zu London eine abgekürzte Uebersetzung unter dem Titel: „Romeo and Juliet". In Dänemark benutzte Ludwig Holberg (1684—1754), der eigentliche Begründer des dänischen Theaters, zu seiner „Die Reise zur Quelle"[4]), wie schon vor ihm Goldoni und Molière, den Grundgedanken von Lopes „El acero de Madrid", nämlich das dankbare Thema von einer verstellten Kranken, welche durch Liebe geheilt wird. Uebrigens hat Holberg, welcher der spanischen Sprache unkundig war und das spanische Original nicht kannte, wohl sicher die französische oder niederländische Bearbeitung der Lopeschen Comedia als unmittelbare Vorlage benutzt, dabei dem Geschmack seines Publikums Rechnung getragen und den Schauplatz an einen Brunnen bei Kopenhagen verlegt, dem man grosse Heilkraft zuschrieb.[5]) Was Deutschland anlangt, so wurde Lopes berühmtes Repertoirestück „El mayor imposible" (Die unmögliche Möglichkeit) nach Meissner[6]) in deutscher Bearbeitung noch im Jahre 1710 auf der Bühne aufgeführt. Etwa 30 Jahre später gelangte nach Mentzel[7]) am 31. Mai 1741 zu Frankfurt a. M. zur Aufführung: „Eine der galantesten, neuen, wohl ausgearbeiteten Haupt- und Staats-Aktionen, betitult Der Probierstein unglaublicher Geduld, oder: Die unüberwindliche Grossmuth einer tugendhafften Seele, in der getreuen und beständigen Griselda" u.s.w. Aus dem Titel darf mit ziemlicher

---

[1] Vgl. Dorer, Ludwig Holberg etc. S. 70.
[2] Vgl. I. Abschnitt S. 12.
[3] I. Abschnitt S. 12.
[4] Die älteste deutsche Uebersetzung der Holbergschen Bearbeitung findet sich in dem Buche: „Zum drittenmale Sechs Lustspiele. So anfänglich in dänischer Sprache geschrieben von Herrn Ludwig Holberg. Anitzo aber ins Deutsche übersetzt worden von J. G. L. Zweite Auflage. Copenhagen und Leipzig, bey Gabriel Christian Rothe, 1746. S. 39—89: Die Reise zu der Quelle. Ein Lustspiel in drey Abhandlungen."
[5] Vgl. Dorer, Ludw. Holberg. S. 69.
[6] Meissner, Shakespeare-Jahrbuch, Bd. XIX. p. 143. Nr. 47.
[7] Mentzel a. a. O. S. 449.

Sicherheit geschlossen werden, dass dem Stück als Original Lopes „El ejemplo de casadas y prueba de la paciencia" zu Grunde liegt, ein Drama, das die Geschichte der Griseldis unter dem Namen Laurencia nach der 10. Novelle des 10. Tages von Boccaccios Decamerone behandelt. Am 16. November desselben Jahres 1741 wurde nach Mentzel,[1]) ebenfalls zu Frankfurt, aufgeführt: „Eine extralustige, aus dem Italiänischen gezogene Bourlesque, betitult: Il finto prencipe, oder: Der durch Zauberey in die grösste Verwirrung gebrachte Hof von Belvideur" u. s. w. Das gleiche Stück kam am 5. Mai 1742 abermals in Frankfurt zur Aufführung mit dem etwas veränderten Titel: „Der durch einen rachgierigen Zauberer in die grösste Verwirrung gebrachte Hof von Belvideur. Mit Hanss Wurst einem verruckten Printzen." Als Original liegt wohl sicher der italienischen und der auf dieser beruhenden deutschen Bearbeitung das bekannte Zugstück Lopes: „El palacio confuso" (der verwirrte Palast) zu Grunde. Nicht unwahrscheinlich ist auch die Vermutung Dessoffs,[2]) dass die nach Mentzel (S. 455) am 23. Sept. 1741 zu Frankfurt aufgeführte „Comique-Piece, Betitult: Die philosophische Braut, oder Der weibliche, verliebte und durch List sich selbst beglückende Student" auf Lopes „La dama estudiante" als Original zurückzuführen sei. Abgesehen aber von diesen vereinzelten Aufführungen deutscher, auf Lope als Original beruhender Stücke war der spanische Dichter und seine Bedeutung für das Drama im Laufe des 18. Jahrhunderts in Deutschland immer mehr in Vergessenheit geraten. Erst in der zweiten Hälfte desselben erwachte wieder ein etwas regeres Interesse für Lope de Vega. Insbesondere machte Lessing im 69. Stück seiner bekannten Hamburger Dramaturgie vom 29. Dezember 1767 wieder auf die Bedeutung Lopes als des „Schöpfers des spanischen Theaters" aufmerksam. Bald darauf erschienen in dem von Zachariä und Gärtner gemeinsam zu Braunschweig 1770—1771 herausgegebenen „Spanischen Theater" aus dem Französischen von Lingnet die drei von Lingnet bearbeiteten Stücke des Lope de Vega in deutscher Uebersetzung,[3]) während Bertuchs „Magazin der spanischen und portugiesischen Literatur" im III. 1782 zu Dessau und Leipzig erschienenen Bande Lopes „Schmerzlichen Zwang" enthält, auszugsweise durch B. v. S. übersetzt, nebst Bemerkungen von Bertuch über dieses Schauspiel. Noch verdient Erwähnung, dass von dem zuletzt erwähnten Lopeschen Stücke im Jahre 1798 zu Leipzig und 1799 zu Grätz durch Friedr. Rambach eine neue deutsche Bearbeitung herauskam

---

[1] A. a. O. S. 459.
[2] Dessoff, a. a. O. S. 11.
[3] In der Vorrede zum III. Bande (Braunschweig 1771) heisst es u. a., man habe bereits einige Stücke aus den beiden ersten Bänden dieses Theaters aufgeführt, welche mit vielem Vergnügen gesehen worden seien. Unter diesen Stücken befand sich wohl auch das im I. Bande enthaltene Stück Lopes: „Die Sklavin des Geliebten."

unter dem Titel: „Graf Mariano oder der schuldlose Verbrecher", Schauspiel in 5 Aufzügen nach dem Spanischen des Lope.[1])

II. Was endlich die Nachahmungen, Bearbeitungen und Uebersetzungen Lopescher Stücke anlangt, welche im 19. Jahrhundert ausserhalb Spaniens und namentlich in Deutschland erschienen sind, so hat ohne Zweifel nicht bloss der Einfluss der Romantiker, vor allem August Wilhelm v. Schlegels, sondern auch das Ansehen Göthes, der in seiner Begeisterung für Calderon wie zur Aufführung mehrerer Dramen dieses Dichters auf dem Weimarer Hoftheater, so auch zu den trefflichen Calderon-Uebersetzungen des ihm befreundeten Gries den Anstoss gab, nicht wenig dazu beigetragen, dass auch Calderons grosser Vorgänger, Lope de Vega, freilich nicht in gleichem Grade wie jener, in Deutschland der Vergessenheit entrissen wurde. Jedenfalls verdient der Umstand alle Beachtung, dass Otto v. d. Malsburg seine Lope de Vega-Uebersetzungen: „Stern, Zepter, Blume" Göthe zueignet und ihn bittet, seiner Arbeit „einen Blick jener edeln und wohlwollenden Milde zu gönnen, die dem Glanz der Grösse den sanften Zauber leiht, der alle Herzen zu ihr hinzieht."[2]) Bekannt ist der grosse Einfluss, welchen die Lektüre des Lope de Vega auf eine Reihe von Dramen des gefeierten österreichischen Dichters Grillparzer (1791—1872) ausgeübt hat, wenn gleich dieser Einfluss nicht derart ist, dass man die betr. Dramen Grillparzers geradezu als Bearbeitungen oder auch nur als Nachahmungen im eigentlichen und strengen Sinne des Wortes bezeichnen kann. Es sei in dieser Hinsicht auf die ausführliche Darstellung in dem neuerdings erschienenen Werke Farinellis: „Grillparzer und Lope de Vega" verwiesen.[3]) „Grillparzer musste", so bemerkt u. a. Farinelli,[4]) „beinahe immer einen Band von Lopes Comedias auf seinem Schreibtisch haben. Er musste Lope lesen, bevor er an die eigene Arbeit ging. In allen Dramen des Oesterreichers, die nach dem „Goldenen Vlies" gedichtet wurden, lassen sich die Spuren dieses Einflusses verfolgen. Die erste Anregung, der erste Wink, wie ein Stoff so oder so dramatisch behandelt werden sollte, kam ihm, das muss man ohne weiteres zugeben, in vielen Fällen von Lope. Er ahmte aber sein Vorbild nicht nach, sondern er vergeistigte es. Er entlehnte nicht, sondern dichtete um." Als Dramen Grillparzers und Lope de Vegas, welche in der erwähnten Weise mehr oder weniger zu einander in Beziehung stehen, seien erwähnt: „König Ottokars Glück und Ende" und „La imperial de Oton", „Ein treuer Diener seines Herrn" und „El gran Duque de Moscovia", „Des Meeres und der Liebe Wellen" und „Los tres diamantes", „Der Traum ein Leben" und „Los donayres de Mático", „Wehe

---
[1] Dorer, die Lope de Vega-Literatur in Deutschland, S. 23.
[2] Vorwort S. VI.
[3] Vgl. besonders den I. Abschnitt: Die Dramen Grillparzers in ihrem Verhältnis zu den Comedias Lopes. S. 32—193.
[4] Farinelli S. 60—62.

dem, der lügt" und „Despertar á quien duerme", „Libussa" und die beiden Dramen: „El rey Wamba" und „La quinta de Florencia", „Dio Jüdin {von Toledo" und „Las paces de los reyes y la judía de Toledo", endlich „Esther" und „La hermosa Ester".

Was nun die deutschen Bearbeitungen Lopescher Dramen aus dieser Zeit betrifft, so erschien im Jahre 1820 die Bearbeitung von Lopes „El principe despeñado" durch Riesch unter dem Titel „Der Sturz in den Abgrund", und im Jahre 1829 die Bearbeitung von Lopes Trauerspiel „Der Stern von Sevilla" durch Zedlitz, eine Bearbeitung in fünf Aufzügen, welche zum erstenmale am 11. Mai 1829 auf dem Hoftheater zu Dresden mit Beifall aufgeführt wurde.[1]) Auf dem Wiener Hofburgtheater erlebte das Stück nach Wlassack[2]) vier Aufführungen vom 26. Januar 1855 bis 27. März 1855. Als weitere „freie Bearbeitung" erschien im Jahre 1837 zu Leipzig[3]): „Kaiser Otto in Florenz", Schauspiel nach Lope de Vega. Frei bearbeitet von P. v. C. (Pauline von Calemberg.) Das Originalstück selbst giebt die Verfasserin nicht an;[4]) es ist Lopes „La mayor vitoria." Einige Jahre später veröffentlichte Friedrich Halm (Freih. von Münch-Bellinghausen) von Lopes „El villano en su rincón" eine freie Bearbeitung, welche unter dem Titel „König und Bauer" zum erstenmale am 4. März 1841 auf dem Wiener Hofburgtheater aufgeführt wurde und von da an bis zum 9. Oktober 1869 nach Wlassack[5]) noch weitere 35 Aufführungen ebendaselbst erlebte. Die Bearbeitung von Lopes „El rey Wamba", welche Halm etwa Mitte des Jahres 1838 begann, führte er leider nicht zu Ende; nur die beiden ersten Akte sind vollendet und im III. und X. Bande seiner gesammelten Werke (Wien, Gerold, 1873) abgedruckt. Unter die neueren Bearbeitungen Lopescher Dramen darf wohl auch die 1875 zu Leipzig erschienene „freie Uebersetzung" von Lopes „La esclava de su galán" (die Sklavin ihres Geliebten) durch Seubert gerechnet werden. Den Schluss dieser Bearbeitungen bildet die neueste 1894 zu Berlin erschienene Bühnenbearbeitung von Lopes „El mayor imposible" durch Eugen Zabel unter dem Titel: „Der Tugendwächter", Lustspiel in 4 Aufzügen, nach Lope de Vega, mit teilweiser Benutzung der Braunfels'schen Uebersetzung. Als Beweis, dass das Lopesche Stück in passender Bearbeitung noch heute in Deutschland seine Zugkraft bewahrt hat, führe ich nach meinen Aufzeichnungen aus Berliner Tagesblättern an, dass Zabels Be-

---

[1]) Vgl. Friesen: Ludwig Tieck, Erinnerungen eines alten Freundes aus den Jahren 1825—1842. Wien 1871. S. 139 ff.
[2]) Eduard Wlassack, Chronik des K. K. Hof-Burgtheaters. Wien, Rosner, 1876. S. 255 und 321. Wlassack bemerkt übrigens S. 255, dass diese Aufführungen als Misserfolge gegolten hätten.
[3]) Dorer a. a. O. S. 14 schreibt unrichtig „Cassel".
[4]) Auch Dorer S. 14 giebt das Lopesche Originalstück der Bearbeitung nicht an. Dieselbe erschien zugleich mit der freien Bearbeitung des Calderonschen Lustspiels „Das Wetter hol' die Liebe" (nach „Fuego de Dios en el querer bien"), welche in demselben Bande S. 111—292 enthalten ist.
[5]) Wlassack S. 311. Der erste Druck kam nach Dorer S. 15 zu Wien, Gerold, 1842 heraus.

arbeitung zum erstenmale am 19. Mai 1894 auf dem K. Schauspielhaus in Berlin aufgeführt und während des Monats Mai im ganzen 7, im Monat Juni desselben Jahres 8 Aufführungen auf dem genannten Theater erlebt hat. Auch auf dem Karlsruher Grossherz. Theater wurde die Bearbeitung am 16. Oktober 1894 mit grossem Beifall aufgeführt.

Indem ich mich jetzt zu den eigentlichen Uebersetzungen Lopescher Stücke in Deutschland und anderen Ländern wende, kann ich in dieser Hinsicht auf die genauen Angaben im I. Abschnitte[1]) verweisen und mich auf die Angabe der Hauptresultate beschränken. Was zunächst Deutschland betrifft, so sind von Soden und Malsburg je 3, von Dohrn und von Schack je 1, von Braunfels 1[2]), von Rapp 7 und von Lorinser 2, oder vielmehr, da „König Wamba" bereits von Rapp übersetzt ist, neu 1, also im ganzen 17 Comedias des Lope de Vega ins Deutsche übertragen.[3]) Ausserdem sind noch 1 Auto durch Dohrn, sowie 2 Zwischenspiele (Entremeses) durch Dohrn, 4 durch Schack und 7 durch Rapp, also zusammen 13 Zwischenspiele ins Deutsche übersetzt. Was die übrigen Sprachen anlangt, so sind nach meinen Ermittlungen von Lopes Werken ins Französische übersetzt: 5 Comedias von Beaumelle, 2 von Esménard, 1 im Théâtre européen, 1 von Lafond, 14 von Baret und 9 von Damas Hinard, zusammen 31; davon ist aber eine Anzahl doppelt oder dreifach übersetzter Stücke abzuziehen, sodass thatsächlich nur 23 Comedias des Lope de Vega, und dazu noch 1 Zwischenspiel durch Damas Hinard, ins Französische übersetzt sind. Ausserdem sind mir nur noch 9 italienische und 3 polnische Uebersetzungen Lopescher Comedias bekannt geworden. Wir sehen also, dass im gegenwärtigen Jahrhundert nur in Frankreich und Deutschland die Bedeutung des grossen spanischen Dramatikers wenigstens einigermassen gewürdigt worden ist. Dass aber der zu seinen Lebzeiten in und ausserhalb Spaniens fast vergötterte Lope de Vega heutzutage nicht entfernt die verdiente Würdigung und Anerkennung im Auslande gefunden hat, wird wohl am besten aus einer kurzen Gegenüberstellung der im 19. Jahrhundert erschienenen Uebersetzungen der dramatischen Werke des Lope de Vega und seines grossen Nachfolgers in der dramatischen Kunst, des Calderon de la Barca[4]), hervorgehen. Von den 108 erhaltenen und unzweifelhaft echten Comedias oder weltlichen Bühnenstücken Calderons (1600—1681), welcher dem Lope de Vega bezüglich des Reichtums der Erfindung und der Grossartigkeit der Conception nachsteht, ihn aber durch Vollendung der Form, durch konsequent

---

[1] Vgl. § 3, S. 12—13. § 4, S. 15—16. § 5, S. 17. § 6, S. 18 und § 8, S. 20—22.
[2] Braunfels' „Gräfin und Zofe" ist (vgl. Vorwort p. XIX.) nicht sowohl eine Uebersetzung, als vielmehr eine ziemlich selbständige Umarbeitung von Lopes „El perro del hortelano."
[3] Dazu kommen noch 5 Bearbeitungen Lopescher Comedias von Riesch, Zedlitz, Halm, Braunfels („Gratia und Zofe") und Seubert.
[4] Vgl. über die Calderon-Uebersetzungen: des Verfassers „Calderon und seine Werke" I. Bd. S. 298—300, welche Angaben hier vervollständigt, beziehungsweise berichtigt sind.

durchgeführte Charakterzeichnung und meisterhafte Technik überragt, sind nicht weniger als 65, und wenn die leider sehr langsam erscheinende, treffliche Calderon-Uebersetzung von Konrad Pasch[1]) vollendet sein wird, 72, also volle zwei Drittel ins Deutsche übertragen, darunter 16 von Gries, 14 von Lorinser, 12 von Malsburg und 5 von A. W. v. Schlegel. Von den mehr als 500 erhaltenen Comedias des Lope de Vega sind nur 17 ins Deutsche übersetzt. Von den erhaltenen 73 echten Autos sacramentales oder geistlichen Festspielen Calderons sind sämtliche 73 durch Franz Lorinser[2]) übersetzt, ein wahrhaft monumentales, einzig in seiner Art dastehendes Uebersetzungswerk. Von den weit zahlreicheren, gegen 400 Autos des Lope, welche freilich den Calderonschen an dichterischem Gehalt bedeutend nachstehen, ist nur eines durch Dohrn ins Deutsche übertragen. Was die übrigen Sprachen anlangt, so sind ins Französische übersetzt von Calderon 22 Comedias, von Lope 23, ins Italienische von Calderon 16, von Lope 9, ins Englische von Calderon 23, von Lope keines. Ausserdem sind von den Dramen Calderons ins Polnische übertragen 9 Stücke, ins Dänische 6, ins Schwedische und Ungarische je 3, ins Russische 2 und endlich ins Böhmische, Holländische und Portugiesische je 1. Was Lope de Vega betrifft, so sind mir bezüglich all der letztgenannten Sprachen nur die oben erwähnten 3 polnischen Uebersetzungen bekannt geworden.

§ 4.
Uebersicht über die nachgeahmten, bearbeiteten und übersetzten dramatischen Werke des Lope de Vega.[3])

A.) Weltliche Bühnenstücke, (Comedias). (80.)

I. Stoffe aus der hl. Schrift und der Legende. (4.)

1) **Los trabajos de Jakob, sueños hai quo verdad son:** Die Mühen Jakobs, Träume gibt's, die Wahrheit sind. (P. XXII, 214. Madrid 1635. Obras de Lope de Vega III, 235. Madrid 1893.) Die bekannte biblische Erzählung von Jakob, seinem Lieblingssohn Joseph und dessen Brüdern.
Ins Französische übersetzt von Dam. Hinard.

2) **La hermosa Ester:** Die schöne Esther. (P. XV, 150. Madrid 1621. Obras de Lope de Vega III, 307. Madrid 1893.) Eine poetische Verherr-

---
[1]) Bis jezt erschienen 3 Bändchen mit je 2 Stucken bei Herder, Freiburg, 1891—1893.
[2]) Zweite Auflage, 1882—1887. 18 Bände. (Manz u. Verlagsanstalt, vormals Manz.)
[3]) In aller Kürze wird auch der Hauptinhalt oder Grundgedanke der betreffenden Stücke angegeben. P. = Parte, Teil oder Band der grossen Gesamtausgabe der Comedias des Lope. H. = Hartzenbusch. (Ausgabe der Comedias des Lope.)

herrlichung der berühmten jüdischen Glaubensheldin und Retterin des israelitischen Volkes.

Das Stück übte Anregung und Einfluss auf Grillparzers „Esther" aus.

3) La madre de la mejor: Die Mutter der besseren Mutter. (P.XVII, 235. Madrid 1622. Obras de Lope de Vega III, 347. Madrid 1893.) Die Hauptpersonen sind Joachim und Anna, die Mutter Mariä, „la madre de la mejor".

Im Jahre 1641 ins Mexikanische („á una de las lenguas indígenas de Méjico") übersetzt von D. Bartolomé de Alva.

4) El animal profeta y dichoso parricida San Julián: Das prophetische Thier und der glückliche Elternmörder S. Julian. (Obras de Lope de Vega IV, 395. Madrid 1894.) Das Stück behandelt die besonders durch die „Gesta Romanorum"[1]) bekannt gewordene Legende vom hl. Julian, dem ein mit prophetischer Stimme begabter Hirsch weissagte, dass er seine eigenen Eltern töten werde. Trotz der unglaublichsten Austrengungen Julians geht die Prophezeiung gegen seinen Willen in Erfüllung. Aber die strengste, Jahre lang fortgesetzte Busse sichert ihm die Seligkeit des Himmels.

Wie Nr. 3 ins Mexikanische übersetzt von D. Bartolomé de Alva.

II. Mythologische Festspiele. (1.)

5) El vellocino de oro: Das goldene Vlies. (P.XIX, 216. Madrid 1624.) Dieses nur in 2 Akte (Jornadas) geteilte, die bekannte Sage behandelnde Festspiel wurde 1633 zu Wien gedruckt und 1649 zu Mailand abermals gedruckt und im gleichen Jahre daselbst auch aufgeführt.

III. Spanische Geschichte und Sage. (21.)

6) La amistad pagada: Die bezahlte Freundschaft. (P. I, 467. Antwerpen 1607.) Das Drama spielt zur Zeit der Kämpfe der alten Cantabrer gegen die römische Herrschaft und hat zum Mittelpunkt die grossmütige Freundschaft des spanischen Gebirgsbewohners Curieno gegen den römischen Krieger Furius.

Ins Französische auszugsweise übersetzt von Perron du Castera.

7) El rey Wamba (Vida y muerte del rey Wamba): König Wamba. (P. I, 168. Antwerpen 1607.) Eine poetische Verherrlichung des frommen und heldenmütigen Wamba, eines der letzten in Spanien herrschenden Gotenkönige.

Ins Deutsche übersetzt von Rapp und Lorinser; ins Französische auszugsweise von Perron.

8) El postrer Godo de España: Der letzte Gote Spaniens. (P. VIII, 115. Barcelona 1617 und P. XXV, 369. Zaragoza 1647 unter dem Titel: El último

---

[1]) Ausgabe von Hermann Oesterley. Berlin, Weidmann, 1872. S. 311—312: „Quidam miles erat nomine Julianus, qui utrumque parentem nesciens occidit", etc.

Godo.) Das Stück schildert den tragischen Untergang des letzten Gotenkönigs Rodrigo und ist wahrscheinlich das Original zu dem 1686 zu Frankfurt, 1688 zu Dresden und 1690 zu Torgau aufgeführten Stück: „Der schlimme Roderich."

9) El cerco de Santa Fé: Das Lager[1]) von Santa Fé. (P. I, 131. Antwerpen 1607.) Das Stück hat seinen Namen von der bei der Belagerung von Granada durch Ferdinand und Isabella (1491) neugegründeten Stadt Santa Fé (= hl. Glaube) und verherrlicht die Eroberung von Granada und damit den Sturz des letzten Bollwerks der Mauren in Spanien.

Ins Deutsche übersetzt von Lorinser.

10) Fuente Ovejuna: Fuente Ovejuna. (P. XII, 262. Madrid 1619. H. III, 633.) Das Drama schildert die Wollust und Grausamkeit des Komthurs Fernan Gomez de Guzman, welcher schliesslich durch die misshandelte Bevölkerung von Fuente Ovejuna ermordet wird.

Ins Deutsche übersetzt von Schack; ins Französische von Beaumelle und Dam. Hinard.

11) El bastardo Mudarra: Der Bastard Mudarra. (P. XXIV, 63. Zaragoza 1641.) Den Mittelpunkt der Tragödie bildet die bekannte Geschichte der sieben Infanten von Lara und ihres Halbbruders Mudarra, der am Schluss das Christentum annimmt.

Ins Französische übersetzt von Baret.

12) El mejor alcalde el rey: Der beste Richter ist der König. (P. XXI, 139. Madrid 1635. H. I, 475.) Das Stück verherrlicht die Gerechtigkeitsliebe des Königs Alfonso VII. von Castilien, welcher den übermütigen und mächtigen Grossbaron Don Tello wegen des Raubes der schönen Elvira, der Braut des armen Landedelmanns Sancho, zuerst zur Vermählung mit Elvira und zur Ueberlassung der Hülfte seines Vermögens an dieselbe zwingt, dann aber sofort enthaupten lässt.

Ins Deutsche übersetzt von Malsburg; ins Französische von Beaumelle, Hinard und Baret; ins Polnische von Swięcicki.

13) Los novios de Hornachuelos: Die Vermählten aus Hornachuelos. (H. III, 387.) König Enrique III. bricht den Trotz des gewaltthätigen Don Lope Melendez, genannt „der Wolf von Estremadura", und löst die Verlobung zwischen ihm und der seine Liebe verschmähenden Estrella.

Ins Französische auszugsweise übersetzt von Perron.

14) La judía de Toledo:[2]) Die Jüdin von Toledo. (P. VII, 99. Barcelona 1617. H. III, 567.) Der Mittelpunkt bildet die tragische Liebesgeschichte zwischen dem jungen König Alfonso VIII. und der schönen Jüdin

---

[1]) Die Uebersetzung „Die Belagerung von Santa Fé" (bei Hennigs, Studien S. 19) ist unrichtig. In der That ist es die Belagerung von Granada.
[2]) Das Stück führt auch den weitläufigeren Titel: Las paces de los reyes y la judía de Toledo.

Rachel, welche als Opfer einer Verschwörung fällt, während der König durch eine himmlische Erscheinung an seine Pflicht gemahnt und seiner Gemahlin und dem Reiche wiedergegeben wird.

Auf Grillparzers „Die Jüdin von Toledo" übte Lopes Drama grossen Einfluss aus.

12) La estrella de Sevilla: Der Stern von Sevilla. (II. I, 137.) Die Hauptperson des berühmten Trauerspiels ist die ebenso schöne als tugendhafte Doña Estrella Tabera, genannt der „Stern von Sevilla", welche die Liebesbewerbungen des Königs Don Sancho zurückweist und auf die Vermählung mit ihrem Verlobten Sancho Ortiz verzichtet, weil derselbe wider seinen Willen, auf des Königs Befehl, ihren die Ehre der Schwester gegen den König beschützenden Bruder, Don Bustos Tabera, hatte töten müssen. Estrella zieht sich in ein Kloster zurück. „Nie ist die Regel", bemerkt mit Recht Schäffer I, 93, „dass die Tragödie „Furcht und Mitleid" erwecken müsse, besser beobachtet worden als hier, und doch geht der Held nicht einmal physisch unter. Wer uns aber so ergreifen, so erschüttern kann, ist ohne Widerspruch ein Dichter allerersten Ranges."

Ins Deutsche übersetzt von Malsburg;[1]) bearbeitet von Zedlitz und in dieser Bearbeitung wiederholt auf deutschen Bühnen aufgeführt. Ins Französische übersetzt von Baret; ins Polnische von Swięcicki.

16) Porfiar hasta morir: Leidenschaft bis zum Tode. (P. XXIII, 96. Madrid 1638. II. III, 95.) Das Stück schildert die leidenschaftliche, schliesslich bis zum Wahnsinn gesteigerte Liebe des Troubadours Macias zu Doña Clara, der Verlobten und späteren Gemahlin des Don Tello de Mendoza.

Ins Französische übersetzt von Beaumelle.

17) El casamiento en la muerte: Die Vermählung im Tode. (P. l, 372. Antwerpen 1607.) Den Mittelpunkt des Dramas bildet der ritterliche Bernardo del Carpio, der einer unerlaubten Verbindung der Ximena, der Schwester des Königs Alfonso des Keuschen, mit dem Grafen von Saldaña entstammt. Ximena wird zur Strafe in ein Kloster verwiesen, der Graf ins Gefängnis geworfen. Als Lohn für seine Heldenthaten erwirkt endlich Bernardo vom König die Befreiung seines Vaters, aber er findet ihn bereits als Leiche, worauf der jammernde Sohn die Mutter aus dem Kloster herbeiholt, damit sie wenigstens mit dem Toten den Trauring wechsle und so der Makel der unehelichen Geburt von ihm genommen werde.

Ins Französische übersetzt von Baret.

---

[1] Nach der Umarbeitung des Spaniers Trigueros, welcher leider das Ganze wesentlich und zum Nachteil der Komposition geändert hat. Das Lopesche Original wurde erst in der Mitte unseres Jahrhunderts wieder entdeckt und ist in der Ausgabe von H. abgedruckt.

18) Lo cierto por lo dudoso: Das Gewisse für das Ungewisse. (P. XX, 19. Madrid 1620. II. I, 453) Das Stück behandelt die Liebe des Königs Pedro des Grausamen zu der edlen Doña Juana, welche aber des Königs Stiefbruder, Heinrich von Trastamara, liebt und gegen des Königs Willen auch zum Gemahl erhält.
Ins Französische übersetzt von Baret.

19) La niña de plata: Das Silbermädchen. (P. IX. 103. Barcelona 1618. II. I. 273.) Die anmutige Dorotea, in Sevilla bekannt unter dem Namen „La niña de plata", weist mit Erfolg die Versuche des Infanten Don Enrique auf ihre Tugend zurück.
Ins Französische übersetzt von Esménard und Dam. Hinard.

20) La carbonera: Die Köhlerin. (P. XXII. 234. Madrid 1635.) Leonor, eine Stiefschwester des Königs Pedro des Grausamen, welcher sie ins Gefängnis werfen will, verbirgt sich vor ihm, als Köhlerin verkleidet, im Gebirge, bis sie bei Gelegenheit einer Jagd vom König entdeckt wird und seine Gnade wieder gewinnt.
Ins Deutsche übersetzt von Soden.

21) El primer Fajardo: Der erste Fajardo. (P. VII, 169. Barcelona 1617.) Den Mittelpunkt bildet der galizische Ritter Don Juan Gallego, welcher im Zweikampf den Mauren Abenalfajar erschlägt, vom König Enrique den Namen Fajardo für sich und seine Nachkommen erhält und schliesslich mit der Tochter des Grossmeisters St. Jago vermählt wird.
Ins Deutsche übersetzt von Rapp.

22) El príncipe despeñado: Der herabgestürzte Fürst. (P. VII, 219. Barcelona 1617.) König Don Sancho, welcher die edle und tugendhafte Doña Blanca de Guevara, „eine spanische Lukretia", entehrt, wird von dem Gemahl derselben in einen Abgrund gestürzt.
Deutsch bearbeitet von Riesch.

23) La hermosura aborrecida: Die verschmähte Schönheit. (P. VII, 145. Barcelona 1617.) Doña Juana, von ihrem Gatten Don Sancho, der an der Belagerung von Granada unter Ferdinand und Isabella teilnimmt, treulos verlassen, wird endlich nach mancherlei Prüfungen mit dem reuigen Gatten wieder vereinigt.
Ins Deutsche übersetzt von Rapp.

24) Arauco domado: Das eroberte Arauko. (P. XX, 76. Madrid 1625.) Den Inhalt des Dramas bildet die Ueberwindung der Araukaner, einer tapferen Völkerschaft im südlichen Chile, durch die spanischen Conquistadoren.
Ins Französische übersetzt durch Beaumelle.

25) El nuevo mundo descubierto por Cristóbal Colon: Die neue Welt, entdeckt durch Christoph Kolumbus. (P. IV, 29. Madrid 1614. Ochoa, Teatro escog. p. 584. Paris 1838.) Das Hauptgewicht in diesem echt nationalen

Volksschauspiel legt Lope als christlicher Dichter auf die Bekehrung der Indianer, deren Naturwüchsigkeit zugleich in origineller Weise geschildert wird.

Ins Deutsche übersetzt von Rapp; ins Französische von Dam. Hinard und ins Italienische von La Cecilia.

26) Don Lope de Cardona: Don Lope von Cardona. (P. X. 53, Madrid 1621.) Dieses Schauspiel, dessen Hauptinhalt bereits oben S. 56 angegeben wurde, war das Vorbild für Shirleys „The Young Admiral" und höchst wahrscheinlich auch die Grundlage für Dreys Repertoirestück (1666): „Der streit zwischen Aragonien und Cicilien."

IV. Geschichte anderer Völker. (6.)

27) El honrado hermano: Der ehrbare Bruder. (P. XVIII. 105. Madrid 1623.) DenHauptinhalt bildet der bekannte Kampf der Horatier und Kuriatier.

Ins Italienische übersetzt von La Cecilia.

28) El castigo sin venganza: Die Züchtigung ohne Rache. (P. XXI, 91. Madrid 1635. II. I, 567). Den Mittelpunkt der ergreifenden Tragödie bildet Casandra, die Gemahlin des Herzogs von Ferrara, und deren verbrecherische Liebe zu ihrem Stiefsohn Federico. Der Schluss, die Bestrafung der Schuldigen, ist von erschütternder Wirkung.

Ins Französische übersetzt von Baret.

29) La reina Juana de Nápoles: Die Königin Johanna von Neapel. (P. VI, 126. Madrid 1615.) Die Königin Johanna von Neapel, wider ihren Willen mit dem wollüstigen und grausamen Prinzen Andreas von Ungarn vermählt, kommt dem ihren Tod planenden Gemahl durch dessen Erdrosselung zuvor und reicht dem Fürsten Ludovico von Tarent ihre Hand.

In niederländischer Bearbeitung durch Gräf erschienen und 1664 zu Amsterdam aufgeführt.

30) El gran duque de Moscovia: Der Grossfürst von Moskau. (P. VII, 75. Barcelona 1617. II. IV, 255.) Das Drama behandelt Demetrius und die mit seinem Auftreten zusammenhängenden Wirren am russischen Hofe.

Ins Deutsche übersetzt von Rapp; ins Niederländische von Cornelis de Bie und von Wouthers.

31) La mayor vitoria: Der grösste Sieg. (P. XXII, 130. Madrid 1635. II. III, 221.) Die Hauptperson ist der deutsche Kaiser Otto I. der Grosse, der auf seinem Römerzug in Italien von leidenschaftlicher Liebe zu Casandra, der mit Octavio verlob' a Tochter eines edlen Florentiners, entbrennt, zuletzt aber die Leidenschaft seines Herzens überwindet.

Deutsch bearbeitet von P. v. C. (Pauline von Calemberg) unter dem Titel: „Kaiser Otto in Florenz."

32) La imperial de Oton: Das Kaisertum Ottos. (P. VIII, 181.

Barcelona 1617.) Dieses Schauspiel, welches die Geschichte des Königs Ottokar von Böhmen, allerdings mit grosser Willkür bezüglich des geschichtlichen Stoffes, aber auch mit grosser poetischer Kunst behandelt, übte Anregung und Einfluss auf Grillparzers „König Ottokars Glück und Ende."

V. Sagenkreise des Mittelalters. (4.)

33) La pobreza de Reynaldos: Die Armut Reinholds. (P. VII, 49. Barcelona 1617.) Den Mittelpunkt bildet der edle und tapfere Haimonssohn Reinhold von Montalban, Paladin von Frankreich, welcher bei Karl dem Grossen verleumdet, samt seiner Gemahlin und seinen Brüdern verbannt wird und schliesslich als Brigant, ohne aber dabei sein ritterliches Wesen zu verleugnen, seinen Unterhalt suchen muss.

Ins Niederländische übersetzt von Cornelis de Bie; ins Französische auszugsweise von Perron.

34) El nacimiento de Urson y Valentin: Die Geburt Ursons und Valentins. (P. I, 317. Antwerpen 1697.) Das Ritterschauspiel enthält die Leidensgeschichte der von ihrem Gemahl auf Grund eines ungerechten Verdachtes verstossenen Margarita, Königin von Frankreich, und ihrer beiden Kinder Urson und Valentin, welche sie auf der Flucht im Walde geboren hat.

Ins Französische auszugsweise übersetzt von Perron.

35) Los palacios de Galiana: Die Paläste der Galiana. (P. XXIII. an X. Stelle. Madrid 1638.) Im Mittelpunkt des anmutigen, phantastischen Schauspiels steht Galiana, die Tochter des Königs Galafré zu Toledo, welche durch ihren Vater Karl dem Grossen als Gemahlin versprochen ist, aber durch die Ränke ihrer Rivalin Armelina in einem Maurenschlosse eingekerkert wird, dessen Trümmer noch heute den Namen „Los palacios de Galiana" führen.

Das Drama ist (nach Farinelli, Grillparzer S. 3) das Vorbild für das Stück des italienischen Dichters Cicognini: „La moglie di quattro mariti."

36) Los tres diamantes: Die drei Diamanten (P. II, 451. Antwerpen 1611.) Dem durch treffende Charakterzeichnung und Situationsmalerei ausgezeichneten Schauspiele liegt die bekannte Sage von der schönen Magelone zu Grunde. Lisardo, Prinz von der Provence, kämpft im Turnier für Lucinde, die von ihm geliebte Prinzessin von Neapel. Durch seinen Eid gehindert, seinen Namen zu nennen, entflieht er mit Lucinde; er verliert sie auf der Flucht und wird erst nach mannigfachen Prüfungen und Abenteuern mit der Geliebten wieder vereinigt.

Ins Deutsche übersetzt von Soden; einzelne Züge des Dramas sind in Grillparzers „Des Meeres und der Liebe Wellen" verwertet.

VI. Novellenstoffe und dramatisirte Novellen.¹) (15.)

37) Castelvines y Monteses: Kastelviner und Montesen. (P. XXV, 279. Zaragoza 1647. II. IV, 1.) Das Stück beruht auf einer Novelle des Italieners Bandello (P. II. Nov. 9) und behandelt den gleichen Stoff wie Shakespeares „Romeo und Julie."

Ins Französische auszugsweise übersetzt von Perron; ausserdem erschien auch eine abgekürzte englische Uebersetzung des Stückes.

38) La quinta de Florencia: Das Landhaus von Florenz. (P. II, 509. Antwerpen 1611.) Auch dieses Schauspiel beruht auf einer Novelle des Bandello und hat zum Hauptinhalt die Liebe Cesars, des Geheimsekretärs des Herzogs Alexander von Florenz, zu der schönen Müllerstochter Laura.

Ins Deutsche übersetzt von Soden. Das Drama übte auch Einfluss auf Grillparzers „Libussa", während die Aehnlichkeit mit Beaumonts und Fletchers „Maid of the Mill" vielleicht nur auf die Benutzung der gleichen Quelle zurückzuführen ist.

39) El mayordomo de la Duquesa de Amalfi: Der Haushofmeister der Herzogin von Amalfi. (P. XI, 200. Madrid 1618.) Die Grundlage des Stückes ist wiederum Bandello. (P. I, Nov. 26.) Aehnlichkeiten mit Websters „The Duchess of Malfy" sind unverkennbar, woran freilich zum grossen Teil die Benutzung der gleichen Quelle Schuld sein mag.

40) El anzuelo de Fenisa: Der Köder der Fenisa. (P. VIII, 21. Barcelona 1617. II. III, 363.) Die Grundlage dieses die Verführungskünste der buhlerischen Fenisa schildernden Stückes ist eine Novelle aus dem Dekamerone des Boccaccio.

Ins Französische übersetzt von Dam. Hinard.

41) El servir con mala estrella: Das Dienen unter einem bösen Stern. (P. VI, 77. Madrid 1615. II. IV, 47.) Auch dieses Drama beruht auf einer Novelle des Boccaccio und behandelt „den bösen Stern", der auf den treuen Diensten und Heldenthaten des französischen Edelmanns Rugero de Valoes am Hofe des Königs Alfonso VIII. von Castilien ruht.

Ins Niederländische übersetzt durch E. D. S. M. und 1674 zu Amsterdam gedruckt.

42) El ejemplo de casadas y prueba de la paciencia: Das Vorbild der Vermählten und das Beispiel der Geduld. (P. V, an 1. Stelle nach

---

¹) Die ersten 6 Dramen (Nr. 37—42) gründen sich auf italienische Novellen, während die letzten 9 (Nr. 43—51) als sog. „dramatisierte oder dramatische Novellen" bezeichnet werden können, in welchen nach Schack II. 338 „die Scenen nur locker und ohne eigentlich dramatischen Plan aneinander gereiht sind, und die ferner durch Anhäufung romanhafter und wunderbarer Ereignisse den Eindruck des Ungewohnlichen und Ausserordentlichen bezwecken."

der Loa. Barcelona 1616.) Das Stück behandelt auf Grundlage der letzten Novelle von Boccaccios Dekamerone die bekannte Geschichte der Griseldis unter dem Namen Laurencia.

In deutscher Bearbeitung 1741 zu Frankfurt aufgeführt.

43) El amigo por fuerza: Der aufgenötigte Freund. (P. IV, 148. Madrid 1614.) Ein Prinz Turbino von Ungarn will seinen aufgenötigten Freund, den Grafen Astolfo, aus der Gefangenschaft befreien, wird aber seinerseits gefangen genommen und nach mannigfachen Abenteuern wieder befreit.

In niederländischer Bearbeitung durch Isak Vos 1646 erschienen und wiederholt gedruckt und aufgeführt; deutsch bearbeitet durch Kempe 1674.

44) La fuerza lastimosa: Der unheilvolle Zwang. (P. II, 1. Antwerpen 1611. H. III, 257.) Hauptperson ist Graf Enrique, welcher mit Isabel, der Gräfin von Barcelona, vermählt, als Vasall des Königs von Irland von diesem den Befehl erhält, seine Gattin zu töten und sich mit Dionisia, der Tochter des Königs, zu vermählen, weil auf ihm der ungerechte Verdacht ruht, derselben einst ihre jungfräuliche Ehre geraubt zu haben.

Eines der berühmtesten Werke des Dichters, von welchem niederländische und deutsche Bearbeitungen mit zahlreichen Aufführungen bekannt sind. Auszugsweise ins Deutsche übersetzt durch B. v. S. Ins Französische übersetzt durch Esménard und Baret.

45) La hermosa Alfreda: Die schöne Alfreda. (P. IX, 181. Barcelona 1618.) Graf Godofre, als Brautwerber für König Friedrich zu der Prinzessin Alfreda von Cleve geschickt, verliebt sich selbst in sie und erhält auch ihre Hand. Der Betrug des Grafen wird aber später vom Könige entdeckt, die Ehe der beiden für ungiltig erklärt und Alfreda zur Königin erhoben, während der Graf aus Schmerz und Reue beinahe wahnsinnig wird und ein tragisches Ende nimmt.

Ins Niederländische übersetzt durch Codde 1641.

46) Laura perseguida: Die verfolgte Laura. (P. IV, 1. Madrid 1614.) Den Hauptinhalt bilden die Verfolgungen der schönen, von Oranteo, dem Sohne des Königs von Ungarn, geliebten Laura. Lange sucht der König die Verbindung der beiden mit Gewalt zu hintertreiben, zuletzt aber wird er durch die Macht der Verhältnisse zum Nachgeben genötigt.

Ins Niederländische übersetzt durch A. Karels van Germez of Zjermez 1645; ins Französische durch Rotrou.

47) El Argel fingido y renegado de amor: Das angebliche Algier und der Renegat aus Liebe. (P. VIII, 89. Barcelona 1617.) Den Hauptinhalt bildet der Raub der den Leonido liebenden Florida durch den verschmähten, als Korsar in maurischer Tracht auftretenden Liebhaber Rosardo.

Nachgeahmt von Montfleury in seiner „L'école des jaloux."

48) Los donayres de Mático: Die Witzworte des Matico. (II. I, 1. Antwerpen 1607.) Die Hauptperson des sehr verwickelten Stückes ist die als Hirte von Leon unter dem Namen Matico auftretende Juana, welche nach einer Menge von Abenteuern und Verwicklungen mit dem Grafen Belardo sich vermählt.
Ins Französische auszugsweise übersetzt von Perron.

49) La prisión sin culpa: Die Gefangennahme ohne Schuld. (P. VIII, 137. Barcelona 1617.) Ein ebenfalls sehr verwickeltes Stück, in welchem der Reihe nach Don Carlos, Don Felix und die als Page verkleidete Lucinde als eines Diebstahls verdächtig ins Gefängnis kommen.
Eine deutsche Bearbeitung des Stückes unter dem Titel „Vom unschuldigen Gefangenen" wurde 1668 zu Dresden aufgeführt.

50) Los muertos vivos: Die toten Lebendigen. (P. XVII, 83. Madrid 1622.) Zwei Liebende halten sich verborgen und werden dadurch, dass man sie für tot hält, gerettet.
Vorbild für Sforza d'Odis „J morti vivi" und d'Ouvilles „Les morts vivans".

51) El nuevo Pitágoras: Der neue Pythagoras. Dieses Stück, welches sich nicht in der grossen Sammlung von Lopes Comedias findet,[1]) ist nach Schack II, 340 „die tollste und abenteuerlichste Verbindung von tragischen Katastrophen und ausgelassener Komik, von Heidnischem und Christlichem", und enthält am Schluss ein Chorlied zur Verherrlichung der Lehre von der Seelenwanderung.
Auszugsweise ins Französische übersetzt von Perron.

VII. Sittengemälde und Charakterdramen. (10.)

52) El villano en su rincón: Der Bauer in seinem Winkel. (P. VII, 1. Barcelona 1617. H. II, 135.) Der Titel des Dramas ist im Spanischen sprichwörtlich zur Bezeichnung eines Menschen, der die Gesellschaft flieht. Das Hauptinteresse nimmt die treffende Charakterzeichnung des Königs (von Frankreich) und des Bauers Juan, der den König bewirtet und von diesem wieder bewirtet wird, in Anspruch.
Frei bearbeitet von Halm, „König und Bauer".

53) La esclava de su galán: Die Sklavin ihres Geliebten. (P. XXIV, 1. Zaragoza 1647. H. II, 487.) Die edle Elena verkauft sich als Sklavin an den Vater des geliebten Juan und erringt durch diese heroische That die Einwilligung des Vaters zu ihrer Verbindung mit dem Geliebten.
Ins Italienische übersetzt von La Cecilia. Frei ins Deutsche übersetzt von Scubert; ins Französische von Linguet.

54) La moza de cántaro: Das Krugmädchen. (H. I, 549.) Doña María,

---

[1]) Barrera, Catálogo p. 456 rechnet das Drama zu den Comedias dudosas.

eine vornehme Dame, rächt die schimpfliche Behandlung ihres greisen Vaters Bernardo durch die Erdolchung des Beleidigers, den sie im Kerker aufsucht, muss deshalb fliehen und dient lange Zeit unerkannt in einem Gasthause als Krugmädchen, bis sie endlich durch den Grafen begnadigt wird und die Hand des geliebten Don Juan erhält.

Ins Deutsche übersetzt (nach der Umarbeitung des Trigueros) durch Malsburg.

55) Las flores de Don Juan: Die Blumen des Don Juan. (P. XII, 165. Madrid 1619. II. I, 409.) Im Mittelpunkt des Dramas steht der vom Dichter mit grosser Kunst charakterisirte Don Juan, der von seinem älteren Bruder Alonso unterdrückt, in seiner Armut durch Blumenmachen sich ernährt. (Zugleich Anspielung auf Juans Geliebte, Doña Hipólita de la Flor.)

Ins Deutsche übersetzt von Rapp; ins Französische von Lafond und ins Italienische von La Cecilia.

56) El triunfo de la humildad y soberbia vencida: Der Triumph der Demut und der erniedrigte Stolz. (P. X, an 4. Stelle. Barcelona 1618.) Das Stück, dessen Hauptinhalt bereits oben S. 56 angegeben wurde, erschien in niederländischer Bearbeitung durch Kath. Questiers 1656 und wurde in deutscher Bearbeitung 1668 zu Dresden aufgeführt.

57) Quien todo lo quiere: Wer alles haben will, bekommt nichts. (P. XXII, 1. Madrid 1635.) Die habsüchtige Otavia, welche, um einen reichen Liebhaber zu gewinnen, den armen Don Juan verschmäht, wird am Schlusse von dem reich gewordenen Juan verschmäht und geht völlig leer aus. Denn, so ruft ihr Don Fernando zu: „Quien todo lo quiere, Otavia, bien es que todo lo pierda." Das Stück ist ohne Zweifel das Vorbild für Carlo Celanos „Qui tutto vuol, tutto perde".

58) Mirad á quien alabais: Seid vorsichtig im Lob. (P. XVI. 65. Madrid 1622. II. IV, 455.) Don César de Ávalos, welcher für den König von Neapel um die Hand der Herzogin von Mailand wirbt, preist bei seiner Rückkehr mit begeisterten Worten die Schönheit der Herzogin, worauf der König, der sich inzwischen in Cesars Schwester Celia verliebt hat, die Herzogin verschmäht mit der Begründung, dass Cesar selbst durch seine überschwenglichen Loberhebungen seine Liebe zu der Herzogin verraten habe. Da erscheint, als Pilgerin verkleidet, die Herzogin selbst am Hofe des Königs und macht durch ihre Schönheit einen solchen Eindruck auf denselben, dass er, wie vorher Cesar, ebenfalls in ein begeistertes Lob der von ihm verschmähten Herzogin ausbricht. Am Schlusse erhält Cesar die Hand der Herzogin, während der König sich mit Celia vermählt.

Nachgeahmt und benutzt von Rotrou in seiner „L'heureuse constance".

59) El cavallero de Olmedo: Der Ritter von Olmedo. (P. XXIV, 43. Zaragoza 1641. II. II, 367.) Don Alonso, ein Ritter von Olmedo, liebt D. Jnes, wird

aber von dem verschmähten Liebhaber derselben, D. Rodrigo, aus eifersüchtiger Rache getötet. Jnes geht in ein Kloster, nachdem sie vorher vom Könige die Bestrafung des Mörders erwirkt hat.
Ins Französische übersetzt von Baret.

60) Los melindres de Belisa (La dama melindrosa): Die Zimperlichkeiten der Belisa. (II. I, 317.) Das gezierte, zimperliche Wesen der Belisa, welche sich in den vermeintlichen Sklaven Felisardo verliebt, aber seine Hand nicht erhält, wird ausführlich, in teilweise köstlicher Weise geschildert.
Ins Französische übersetzt von Linguet und Baret.

61) La escolástica zelosa: Die eifersüchtige Studentin. (P. I, 423. Antwerpen 1607.) Den Hauptinhalt bildet die übertriebene und lächerliche Liebe des Cardenio, eines Studenten von Toledo, zuerst zu Julia, dann zu Celia, welche beide, von Eifersucht getrieben, als Studenten verkleidet auftreten.
Von Harsdörffer in seiner „Melisa" 1643 teilweise benutzt und nachgeahmt.

VIII. Lustspiele oder Intriguenstücke. (19.)

62) El mayor imposible: Das unmöglichste von allen. (P. XXV, 133. Zaragoza 1647. H. II, 465.) Eines der beliebtesten und besten Repertoirestücke des Dichters, dessen Grundgedanke bereits oben S. 47 angegeben wurde.
In deutscher Bearbeitung 1690 zu Torgau aufgeführt. Ins Deutsche übersetzt von Braunfels und neuerdings für die deutsche Bühne bearbeitet von Zabel. Französisch bearbeitet von Boisrobert 1653. Nach der französischen Bearbeitung erschienen auch zwei niederländische Uebersetzungen 1671.

63) Amar sin saber á quien: Lieben, ohne zu wissen, wen. (P. XXII, 149. Madrid 1635. II. II, 443.) Dieses herrliche Lustspiel, nach dem Urteil Schacks II, 370 „von einem Zauber der Romantik umflossen, der jedes für Poesie empfängliche Gemüt entzücken muss," hat zu Hauptpersonen D. Juan und Lisarda, welche sich längere Zeit lieben, ohne gegenseitig Namen und Stand zu kennen. Nach einer Reihe von anmutigen Verwicklungen werden die Liebenden mit einander vereinigt.
Nachgeahmt von Pierre Corneille und bearbeitet von Sainte-Marthe und Gilbert; ins Französische übersetzt von Hinard und Baret.

64) La ocasión perdida: Die versäumte Gelegenheit. (P. II, 61. Antwerpen 1611.) Eine Menge von Intriguen und Verwechslungen belebt das Stück, welches mit mehreren Hochzeiten schliesst. Nur der edle D. Juan hat die Gelegenheit versäumt und muss auf die geliebte Dame verzichten, ohne übrigens darum in seiner Rolle lächerlich zu erscheinen.
In deutscher Bearbeitung 1690 zu Torgau aufgeführt; nachgeahmt und bearbeitet von Rotrou.

65) El acero de Madrid: Das Stahlwasser von Madrid. (P. XI, 28. Madrid 1618. H. I, 365.) Um den geliebten Lisardo leichter sehen und sprechen zu können, stellt sich Belisa krank, während ihr Lisardo durch seinen Diener Beltran als Arzt den Gebrauch des Madrider Stahlwassers verschreiben lässt. Eines der zugkräftigsten Stücke Lopes, nachgeahmt von Molière und Goldoni; ins Französische übersetzt von Baret. Bearbeitet von dem dänischen Dichter Holberg und nach ihm ins Deutsche übersetzt.

66) El perro del hortelano: Des Gärtners Hund. (P. XI, 1. Madrid 1618. H. I, 341.) Den Mittelpunkt des beliebten Lustspiels bildet die vorzüglich gezeichnete Gräfin Diana von Belflor, welche ihren Sekretär Teodoro liebt und schliesslich mit ihm sich vermählt. Der Titel hängt mit einer sprichwörtlichen Wendung zusammen. (Vgl. die Worte des Dieners Tristan am Ende des II. Aktes.)

Deutsch umgearbeitet von Braunfels, „Gräfin und Zofe." Ins Französische übersetzt von Beaumelle, Hinard und Baret; ins Italienische von La Cecilia.

67) El palacio confuso: Der verwirrte Palast. (P. XXIV, Madrid 1640.) Die Verwicklung des Dramas begründet nach Schack II, 369 „die Aehnlichkeit zweier Fürsten, die wechselsweise ihren Namen vertauschen und so die verkehrten Akte ihrer Regierung wieder gut machen." Schäffer I. 320 möchte diese geistreiche, aber höchst verwickelte „Komödie der Irrungen" lieber dem Mira de Amescua zuschreiben, welcher allerdings im 28. Bande der „Comedias nuevas escogidas" und in Einzeldrucken als Verfasser angegeben wird.

Deutsch bearbeitet von Grefflinger und in deutscher Bearbeitung wiederholt aufgeführt. Ins Niederländische übertragen durch L. de Fuyter. Nachgeahmt von Pierre Corneille.

68) Los milagros del desprecio: Die Wunder der Verachtung. (H. II, 235.) Durch erheuchelte Kälte und Verachtung gewinnt D. Pedro schliesslich die Hand der geliebten und ihn wieder liebenden Juana.

Ins Deutsche übersetzt von Dohrn und bearbeitet von Tiessen.

69) La boba para los otros y discreta para sí: Die Alberne für die andern und die Schlaue für sich. (P. XXI, 45. Madrid 1635. H. II, 523.) Diana, in Folge eines Testaments Erbin des Herzogs von Urbino, wiegt durch verstellten Wahnsinn ihre Gegner in Sicherheit und erringt so den Thron. „Der fingierte Wahnsinn Dianas", bemerkt mit Recht Schack II, 378, „führt Situationen von unvergleichlicher Wirkung herbei."

Ins Französische übersetzt von Baret.

70) La hermosa fea: Die schöne Hässliche. (P. XXIV, 22. Zaragoza 1641. H. II, 349.) Der polnische Fürst Ricardo tritt als Bewerber um die Hand der Estela, der anmutigen, aber spröden Herzogin von Lothringen auf und erreicht seinen Zweck dadurch, dass er das Gerücht verbreitet, ihre Hässlichkeit

habe ihn von der Bewerbung abgehalten, während er selbst unter dem Namen Lauro als Sekretär und später auch als Vetter seiner selbst an dem Hofe der Herzogin sich aufhält und ihre Liebe gewinnt.
Ins Italienische übersetzt von La Cecilia.

71) Por la puente, Juana: Ueber die Brücke, Juana. (geht's durchs Wasser.) (P. XXI, 243. Madrid 1635. H. II. 541.) Als Dienerin verkleidet, erringt die schöne Toledcrin Juana durch sinnvolle List und hingebende Aufopferung die Hand des geliebten Diego. Der Titel des Stücks gründet sich auf die Worte einer alten Romanze: „Por la puente, Juana, que no por el agua."
Ins Deutsche übersetzt von Rapp.

72) Amor secreto hasta celos: Heimliche Liebe bis zur Eifersucht. (P. XIX, 23. Madrid 1624.) Den Grundgedanken dieses verwickelten Intriguenstückes bildet das verschwiegene Glück eines Liebespaars, welches durch zwei Nebenbuhler gestört und durch die Eifersucht des begünstigten Liebhabers preisgegeben wird. Der Schluss vereinigt die beiden Liebenden.
Ins Niederländische übersetzt von Kath. Questiers 1665.

73) La sortija del olvido: Der Ring der Vergessenheit. (P. XII. 24. Madrid 1619.) Der junge Höfling Adriano, welcher Arminda, die Schwester des Königs Menandro liebt, gründet seinen Plan, sich und der Geliebten den Königsthron zu verschaffen, auf einen von dem Magier Ardenio erhaltenen Zauberring, welcher dem König, sobald er ihn trägt, bezüglich seiner früheren Handlungen das Gedächtnis raubt. Schon glaubt Adriano triumphieren zu können, da misslingt der Plan noch in letzter Stunde. Adriano wird verbannt und Arminda in ein Kloster verwiesen.
Ins Französische übersetzt von Rotrou.

74) El poder vencido y el amor premiado: Die besiegte Macht und die belohnte Liebe. (P. X, 273. Madrid 1620.) Der Plan des Fürsten Roberto von Neapel, die Verbindung seines Bruders Fabio mit der schönen Celia zu hintertreiben, wird unter Aufwendung einer Menge von Intriguen durch die List des Fabio und seines Dieners Colin vereitelt.
Vorlage für Rotrous „L'heureuse constance."

75) El ausente en el lugar: Der Abwesende am Platze. (P. IX, 79. Barcelona 1618. H. I, 249.) Die Hauptpersonen des Stückes, das nach Grillparzer VIII, 248 „ein kleiner Edelstein" ist, sind Elisa und ihr Geliebter Carlos, welcher vorgiebt, in den Krieg nach Flandern zu ziehen, aber, während er als abwesend gilt, unter fremdem Namen zurückbleibt und nach Ueberwindung vieler Hindernisse endlich mit der Geliebten vereinigt wird.
Französisch bearbeitet von d'Ouville in seinem „L'absent chez soi."

76) El dómine Lucas: Der Herr Lukas. (P. XVII, 137. Madrid 1622. II. I, 43.) In der Verkleidung eines Hauslehrers gelangt der Student Floriano in die Nähe der geliebten Lucrecia und erringt nach einer Menge von Intriguen ihre Hand. Französisch bearbeitet von Linguet.

77) El molino: Die Mühle. (P. I, 523. Antwerpen 1607. II. I, 21.) Den Hauptinhalt bilden Verkleidungen vornehmer Herren und Damen in einer Mühle. Im Mittelpunkt des Ganzen stehen Celia und der Graf Prospero, welche am Schlusse glücklich vereinigt werden.

Ins Französische übersetzt im Théâtre europ. und durch Hinard.

78) Los locos de Valencia: Die Narren von Valencia. (P. XIII. 177. Barcelona 1620. II. I, 113.) Ein merkwürdiges Drama, welches das Leben und Treiben wirklicher und verstellter Irren im Irrenhause von Valencia schildert und glücklich mit drei Hochzeiten endet.

Ins Italienische übersetzt von La Cecilia.

79) Guardar y guardarse: Hüten und sich hüten. (P. XXIV, 1. Zaragoza 1641. II. II, 385.) Der Titel des verwickelten Intriguenstückes bezieht sich auf den Almirante des Königs von Aragon, welcher seine Schwester Elvira vor dem Könige, der sie liebt, in einem einsamen Landhause hüten und selber auf der Hut bleiben muss. Am Schlusse überwindet endlich der König seine Leidenschaft, vermählt Elvira mit dem geliebten Don Félix de Mendoza und erhebt denselben zum Marqués de Miralba.

Nachgeahmt von Le Sage in seinem Don Felix de Mendoce. In niederländischer Bearbeitung erschienen und unter dem Titel „Mendosse" 1642 zu Amsterdam aufgeführt.

80) Si no vieran las mujeres: Wenn die Frauen nicht sähen. (II. II, 575.) Isabela, die Tochter des verbannten Herzogs Otavio, welche Federico, den Kammerherrn des Kaisers Otto liebt, kann trotz der Warnung Federicos ihre Neugierde nicht bezwingen, den in der Nähe jagenden Kaiser in der Verkleidung eines Bauernmädchens zu sehen. Sofort wird der Kaiser von ihrem Geist und ihrer Anmut bezaubert, und erst nach Ueberwindung vieler Hindernisse erfolgt die Vereinigung der Liebenden. „Von der farbenglühenden und gedankenreichen Sprache dieser Schöpfung eines siebzigjährigen Greises einen Begriff zu geben, ist unmöglich; ein solches Meisterwerk muss selbst gelesen werden." Schäffer I, 150.

Ins Italienische übersetzt von La Cecilia.

B. Geistliche Festspiele. (Autos sacramentales.) (2.)

1) El hijo pródigo: Der verschwenderische Sohn. (Obras sueltas, Vol. V. (El peregrino en su patria) p. 336—383. Madrid 1776. Obras de Lope de Vega II, 53—71. Madrid 1892.)

Das durch eine Loa (Vorspiel) eingeleitete Auto, welches in ziemlich engem Anschluss an die hl. Schrift (Luc. XV, 11—32) die berühmte Parabel vom verlornen Sohne behandelt, wurde durch Cornelis de Bie unter dem Titel: „Den verloren sone Osias oft bekeerden sondaer" ins Niederländische übersetzt, 1678 zu Lier aufgeführt und 1689 zu Antwerpen gedruckt.

2) La siega: Die Ernte. (Pedroso, Autos sacr. p. 171—181. Madrid 1865. Obras de Lope de Vega 11, 309—323. Madrid 1892.)

Die Grundlage dieses Festspiels, nach dem Urteil des neuesten Herausgebers, Menéndez y Pelayo,[1] „composición admirable, y á mi juicio la más bella entre todos los autos de Lope", bildet das bekannte Gleichnis vom Sämann in der hl. Schrift. (Matth. XIII, 24—30. 36—43.)

Ins Deutsche übersetzt von Dohrn 1841.

[1] Obras de Lope de Vega, vol II. p. LXI. Observaciones preliminares / Madrid 1892.

Ergänzungen und Berichtigungen.

S. 12 ist nach „Ochoa" einzufügen:

Zerolo, Elías. Obras escogidas de Frey Lope Félix de Vega Carpio. Con prólogo y notas. Paris, Garnier hermanos, 1886. 4 tomos. 12⁰.
Der I. Band enthält nach einer Noticia de la vida y escritos de Lope de Vega (p. 1—XLVIII) 4, der II. und III. je 5 Dramen des Dichters, welche sich sämtlich auch in der Ausgabe von II. finden. Der IV. Band enthält eine Auswahl von nicht dramatischen Werken Lopes.

S. 25 nach „Dorer, Edmund. Ludwig Holberg und das spanische Theater":

Schmidt, Albert. Grundriß der Geschichte der spanischen Litteratur. Leipzig, Hermann Hucfe, 1887.
Ueber Lope de Vega vgl. S. 67—79.

S. 5 Z. 5 v. u. ist nach „La siega" nachzutragen: De los cantares.
S. 6 Z. 1 v. o. ist statt „de Félix" zu lesen: Félix de Vega.
S. 13 Z. 9 v. o. ist statt „basterdo" zu lesen: bastardo.
S. 13 Z. 5 v. u. ist statt „come" zu lesen: comme.
S. 32 Z. 20 v. o. ist nach „Lebens" einzufügen: welche er fast beständig zu Madrid zubrachte.
S. 36 Z. 1 v. o. ist nach „starb" zu setzen: zu Madrid.
S. 62 Z. 18 v. o. ist statt 31 zu lesen: 32.
S. 68 Z. 19 v. o. ist nach „Baret" nachzutragen: Ins Polnische übersetzt von Święcicki.

Nachrichten über das Gymnasium vom Schuljahr 1894-95.

I.

Lehrerpersonal.

Die Stelle des durch Krankheit an der Versehung seines Dienstes verhinderten Professors Stix vertrat bis zum Schlusse des Schuljahrs Professoratskandidat Dr. Pohlhammer.

Die erledigte II. realistische Hauptlehrstelle (Lehrauftrag für Rechnen und Mathematik an IV—VIII) mit dem von derselben abhängigen Gehalt von 2730 ℳ nebst 180 ℳ Wohnungsgeldzuschuss wurde vermöge höchster Entschließung Sr. Königlichen Majestät vom 29. Oktober v. J. dem Reallehrer Zoller in Altshausen unter gleichzeitiger Verleihung des Titels eines Oberreallehrers übertragen. Zoller sollte seine Stelle am 1. Januar antreten, konnte aber, durch Krankheit abgehalten, erst mit dem 1. Februar d. J. eintreten. Bis zu diesem Tage war der Professoratskandidat Beurlen als Amtsverweser auf dieser Stelle thätig.

Hilfslehrer Finkbeiner wurde durch anhaltende Krankheit genötigt, auf Ende Januar um einen halbjährigen Urlaub zu bitten. Derselbe wurde ihm gewährt. Zu seinem Stellvertreter wurde durch hohen Erlass vom 17. Januar Nr. 378 der Professoratskandidat Dr. Günzler, Hilfslehrer am Gymnasium in Ehingen, bestellt, welcher am 1. Februar seine Funktionen am hiesigen Gymnasium übernahm. Den Unterricht im Englischen erteilte vom 1. Februar bis zum Schluß des Schuljahrs in stellvertretender Weise Oberreallehrer Zoller.

Der seit Prof. Hölders Tod (8. Aug. v. J.) erledigte Zeichenunterricht an Gymnasium und Realanstalt wurde durch Beschluß der K. Kultministerialabteilung für Gelehrten- und Realschulen vom 24. Dezember 1894 dem Zeichenlehrer Georg Dursch definitiv übertragen.

Die eine von den bisher verabschiedeten zwei Hilfslehrstellen an der obern Abteilung, die realistische sprachlich-historischer Richtung, wurde von dem Kgl. Ministerium des Kirchen- und Schulwesens, nach Bewilligung der Mittel durch die Landstände, in eine definitive Hauptlehrstelle (Professur) mit einem Gehalt von 3600 ℳ. nebst 250 ℳ. Wohnungsgeldzuschuss verwandelt. Hoh. Erl. Nr. 4196 vom 10. August. Die Stelle ist bereits zur Bewerbung ausgeschrieben und wird demnächst besetzt werden.

Die Hilfslehrstelle an VIIb, welche mit Beginn des Schuljahrs 1893/94 geschaffen und bis 31. März d. J. zum Teil aus der Rektoratskasse, zum andern Teil aus Interkalargefällen bestritten wurde, wurde laut hohem Erl. Nr. 4196 mit 1. April d. J. auf die Staatskasse allein übernommen, nachdem auch hiezu die Stände die Mittel bewilligt hatten.

Am Schlusse des Schuljahres war der Personalbestand folgender:
Vorstand des Gymnasiums: Rektor Dr. Eble.
An der oberen Abteilung: Professor Dr. Baltzer,
Professor Günthner,
Professor Haag, für Mathematik an IX u. X und
Naturwissenschaften,
Professor Geiselhart, Konviktsvorstand,
Oberreallehrer Zoller für Mathematik an IV—VIII,
Hilfslehrer Eggler,
Hilfslehrer Gutermann, Klassenlehrer an VIIb,
Amtverweser Dr. Pohlhammer (für Prof. Stix),
Amtsverweser Dr. Günzler (für französische Sprache),
an der untern Abteilung: Professor Dr. Volz, zugleich Lehrer der deutschen
Sprache und Litteratur an X,
Oberpräzeptor Dr. Greiner, Bibliothekar,
Oberpräzeptor Fischer, zugleich Turnlehrer an
VII—X,
Präzeptor Schumm,
Hilfslehrer Dr. Haug, Klassenlehrer an III;
Fachlehrer:
für kathol. Religionsunterricht an I u. II, III, IV, Repetent Kresser,
„   „   IV u. V u. VII,   „   Ummenhofer,
evang.   „   Stadtpfarrer Hiller,

für Singen am Konvikt	Musikdirektor Huber,
„ am Untergymnasium und für die Externen des Obergymnasiums	Reallehrer Keller,
für Freihandzeichnen	Zeichenlehrer Dursch,
für Turnen an I—VI	Reallehrer Schäfle.

II.
Behandelte Lehrpensen.

A.
Obergymnasium.

Klasse X.
Klassenlehrer **Professor Dr. Baltzer.**

1) Religionslehre a) katholische, 2 Stunden. Christliche Sittenlehre im Anschluss an das Lehrbuch von Dreher. Geiselhart;
   b) evangelische, 2 Stunden. Kirchengeschichte I. Teil, bis zum Ausgang des 13. Jahrhunderts; Erklärung des Matthäusevangeliums Kap. 1—7 nach dem Grundtext. Stadtpfarrer Hiller.
2) Deutsche Sprache und Litteratur, 3 Stunden. Litteraturgeschichte im Anschluss an die Lektüre, von Herder bis 1832; monatliche Aufsätze. Volz.

3) **Lateinische Sprache**, 7 Stunden. Tacitus, Annal. I, II größtenteils, Auswahl aus VI, XI, XII. Schriftliche Extemporaneen, Korrektur der Kompositionen und Expositionen, 5 Stunden; Horaz, ausgewählte Episteln und Satiren, 2 Stunden. Eble.
4) **Griechische Sprache**, 6 Stunden. Platons Phaedon; Thukydides VI mit Auswahl; Sophocles, Antigone; Korrektur der schriftlichen Arbeiten, meist Expositionen. Pohlhammer.
5) **Französische Sprache**, 2 Stunden. Gelesen Erckmann-Chatrian, histoire d'un conscrit de 1813; Molière, le Malade imaginaire; grammatische Repetitionen, Korrektur der Kompositionen. Finkbeiner, hernach Günzler.
7) **Geschichte**, 2 Stunden. Neueste Geschichte von 1700 - 1871 im Anschluss an das Handbuch von Stein III. Geiselhart.
8) **Mathematik**, 4 Stunden. a) Algebra, 2 Stunden. Quadratische Gleichungen mit mehreren Unbekannten, arithmetische und geometrische Reihen, Zinseszins- und Rentenrechnungen, nach Bardey XXV, XXIX, XXXI bis XXXIII. b) Stereometrie, 1 St. Gerade und Ebenen im Raume, krumme Flächen und Polyeder, Berechnungsaufgaben nach Kommerell-Hauck. c) Repetitionen in Algebra, Trigonometrie und Geometrie; Anwendung der Algebra auf geometrische Probleme, Spieker, Abschnitt XVIII. 1 St. Haag.
9) **Naturwissenschaften**, 1 Stunde. Mineralogie und Geologie. Haag.
10) **Philosophische Propädeutik**, 2 Stunden. Empirische Psychologie und formale Logik, nach dem Grundriss von Beck-Baltzer. Baltzer.
11) **Singen**, gemeinsam mit den Klassen VIII u. IX, 1 Stunde. Repetition der Theorie. 4stimmige Lieder aus der Sammlung von Heim. Keller.

Die Konviktoren haben Unterricht im geistlichen und weltlichen Gesang bei Musikdirektor Huber.
12) **Turnen**, 2 Stunden. Fischer.

Klasse IX.
Klassenlehrer Amtsverweser Dr. **Pohlhammer**.

1) **Religionslehre** a) katholische, 2 Stunden. Katholische Glaubenslehre, Fortsetzung und Abschluss, nach dem Lehrbuch von Dreher, Baltzer.
   b) evangelische s. Kl. X.
2) **Deutsche Sprache und Litteratur**, 3 Stunden. Deutsche Litteraturgeschichte vom höfischen Epos der Blütezeit bis Lessing (einschl.) mit der entsprechenden Lektüre aus Schauenburg-Hoche I und der Sammlung von Göschen. Korrektur und Kritik der monatlichen Aufsätze. Eggler.

3) **Lateinische Sprache**, 8 Stunden. Prosalektüre im Wintersemester: Cicero, ausgewählte Briefe, Ausg. v. Frey, im Sommersemester: Tacitus, Agricola; Korrektur der Kompositionen und Expositionen, 5 Stunden; Horaz, ausgew. Oden, Epoden und Episteln des I. B. 3 Stunden. **Pohlhammer.**

4) **Griechische Sprache**, 6 Stunden. Demosthenes, I, II., III. Olynth. Rede; Platon, Kriton; Korrektur der Kompositionen und Expositionen, 4 St. **Eggler.**
Homer, Odyssee, Abschnitte aus XIV—XXIV; Ilias I; grössere Abschnitte aus II, III, IV, V, VI, XVIII. **Pohlhammer.**

5) **Französische Sprache**, 2 Stunden. Lektüre: Jules Verne, cinq semaines en ballon; Anthologie des Poètes français von Benecke. Methodische Behandlung der Synax nach Plötz Syntax. Korrektur der Kompositionen und Diktate. **Finkbeiner**, hernach **Günzler.**

6) **Geschichte**, 2 Stunden. Neuere Geschichte von 1492 bis 1700, im Anschluss an das Handbuch von Stein II und III. **Geiselhart.**

7) **Mathematik**, 4 Stunden. a) Algebra, 2 St. Logarithmen, Gleichungen I. Grades mit mehreren Unbekannten, quadratische Gleichungen mit einer Unbekannten, nach Bardey; b) Geometrie, 1 St. Spieker, IX—XIII; c) Trigonometrie, 1 St. Ebene Trigonometrie. **Haag.**

8) **Naturwissenschaften**, 2 Stunden. Physik nach Jochmann-Hermes: Mechanik, Akustik, Optik, Wärmelehre, Galvanismus. **Haag.**

9) **Singen**, s. Kl. X.

10) **Turnen**, 2 Stunden. **Fischer.**

Klasse VIII.
Klassenlehrer Professor Günthner.

1) **Religionslehre**, a) katholische, 2 Stunden. Kirchengeschichte bis zur Reformation; Glaubenslehre: Gottes Dasein, Wesen, Eigenschaften, Dreipersönlichkeit; Schöpfung, Erhaltung, Regierung der Welt, im Anschluss an das Lehrbuch von Dreher. **Baltzer.**
b) evangelische, s. Kl. X.

2) **Deutsche Sprache und Litteratur**, 2 Stunden. Litteraturgeschichte von den Anfängen bis 1300 mit der entsprechenden Lektüre aus Schauenburg-Hoche I. Korrektur der Aufsätze. **Eggler.**

3) **Lateinische Sprache**, 8 Stunden. Prosalektüre im Wintersemester: Cicero pro Archia poëta, pro Marcello, pro Ligario, pro rege Deiotaro, im Sommersemester: Sallustii de conjur. Catil. lib. 5 Stunden. Vergil, Aeneis I und III, Auswahl aus II. 2 Stunden. Korrektur und Kritik der Kompositionen und Expositionen, 1 Stunde. Günthner.

4) **Griechische Sprache**, 6 Stunden. Herodot I und III, im Sommersemester Xenophons Memorabilien I, II, III mit Auswahl. Korrektur der Kompositionen; Repetitionen aus der Syntax, im Wintersemester 4, im Sommersemester 3 Stunden. Günthner.
Homer, Odyssee, im Wintersemester 2, im Sommersemester 3 Stunden. V—XI mit Auswahl. Eble.

5) **Französische Sprache**, 3 Stunden. Lektüre der Abschnitte Le Sage und Rousseau aus Hölders Litteratur; im Anschluss an Plötz method. Lese- und Übungsbuch II wurden behandelt aus Plötz kurzgefasster systematischer Grammatik die Abschnitte II, III, IX; IV—VII repetiert. Korrektur der Kompositionen und Diktate. Finkbeiner, Günzler.

6) **Geschichte**, 2 Stunden. Römische Geschichte von den Gracchen bis zur Kaiserzeit, Geschichte des Mittelalters bis 1517, im Anschluss an das Handbuch von Stein I und II. Günthner.

7) **Geographie**, 2 Stunden. Die fünf Weltteile, speziell Europa und Afrika nach Pütz, Lehrbuch der vergleich. Erdbeschreibung. Gutermann.

8) **Mathematik**, 4 Stunden. a) Algebra, 2 Stunden. Lehre von den Potenzen und Wurzeln; Gleichungen mit einer Unbekannten, mit zwei und mehr Unbekannten, Bardey XIII, XIV, XVI, XX, XXII, XXIII, XXIV. b) Geometrie, 2 Stunden, Spicker VI—X. Beurlen, hernach Zoller.

9) **Naturwissenschaften**, 2 Stunden. Abschluss der Chemie, Magnetismus, Reibungselektrizität, Mechanik, nach Koppe. Haag.

10) **Singen**, s. Kl. X.

11) **Turnen**, 2 Stunden. Fischer.

Klasse VIIa.

Klassenlehrer **Professor Geiselhart**.

1) **Religionslehre**, a) katholische, 2 Stunden. Apologetik im Anschluss an das Lehrbuch von Dreher. Ummenhofer.
b) evangelische, s. Kl. X.

2) Deutsche Sprache, 2 Stunden. Lebensabriss und Charakteristik der Dichter Uhland und Schiller; ausgewählte Gedichte derselben gelesen und erklärt; gelesen ferner Uhlands Drama „Herzog Ernst von Schwaben." Mit der Lektüre verband sich Übung im Deklamieren, Erklärung der Tropen und der wichtigeren Redefiguren, Kritik der Aufsätze, im Anschluss daran Dispositionsübungen. Baltzer.
3) Lateinische Sprache, 8 Stunden. Livius XXV, XXVI, XXVII mit Auswahl, 3—4 Stunden, Geiselhart; Ovids Metamorphosen nach der Auswahl von Siebelis 1, 2, 3, 7, 8, 36, 38, 39, 40; im Sommersemester Vergil Eclog. I, V, VIII, IX, aus den Georgica die Episoden des I. und II. Buches, 3 St. Eggler. Korrektur und Kritik der Kompositionen und Expositionen, 1—2 Stunden. Geiselhart.
4) Griechische Sprache, 7 Stunden. Lektüre: Xenophons Anabasis I, V, VI, VII mit Ausw., 3-4 Stunden, Geiselhart. Homer Odyssee, 2 Stunden, I, II, III, IV, Eggler. Repetition der Formenlehre, Übungen in der Syntax, Kritik der Kompositionen, 1 bis 2 Stunden. Geiselhart.
5) Französische Sprache, 3 Stunden. Lektüre der Abschnitte Fénelon, Montesquieu und Mérimée aus Hölders Litteratur; Grammatik: Plötz kurzgef. system. Gramm. Die Abschnitte V—VII; dazu die entsprechenden Abschnitte in Plötz method. Lese- und Übungsbuch II. Korrektur der Kompositionen und Diktate. Finkbeiner, Günzler.
6) Geschichte, 2 Stunden. Griechische bis zu den Diadochen, römische bis zu den Gracchen im Anschluss an das Handbuch von Stein I. Günther.
7) Geographie, 2 Stunden im Sommersemester, im Anschluss an Pütz Lehrbuch der vergleich. Erdbeschreibung, §§. 5 -52. Greiner.
8) Mathematik, 4 Stunden. a) Algebra, 2 St., nach Bardey XI, XII, XIII, XIV; Gleichungen vom 1. Grad mit einer Unbekannten, Gleichungen mit zwei Unbekannten, Bardey XX, XXII, XXIII und XXIV; b) Geometrie, 2 St. Spieker V—VIII. Beurlen, hernach Zoller.
9) Naturwissenschaften, 2 Stunden, Allgemeine Eigenschaften der Körper, Chemie, nach Koppe. Haag.
10) Singen, im Wintersemester 1 St. allein: Theorie, Treffübungen, im Sommersemester 1 St. gemeinsam mit den andern Klassen des Obergymnasiums. Konviktoren s. Kl. X.
11) Turnen, 3 Stunden. Fischer.

Klasse VIIb.
Klassenlehrer Hilfslehrer Gutermann.
1) Religionslehre kombin. mit VIIa.

2) **Deutsche Sprache**, 2 Stunden. Lektüre und Erklärung Schiller'scher (hauptsächlich III. Periode) und Uhland'scher Gedichte. Leben und dichterische Thätigkeit beider. Stillehre nnd Dispositionsübungen im Anschluss an die Kritik der Aufsätze. Gutermann.
3) **Lateinische Sprache**, 8 Stunden. Lektüre: Livius I, II, V, XXVIII—XXX mit Ausw., 3—4 Stunden; Ovids Metamorphosen nach der Auswahl von Siebelis (1, 2, 4, 13, 26, 43, 50); im Sommersemester: Vergil, Eklog. I, V, VII, aus den Georgica die Episoden des I. und II. Buches. 3 Stunden. Korrektur und Kritik der wöchentlichen Kompositionen und Expositionen, 1—2 Stunden, Gutermann.
4) **Griechische Sprache**, 7 Stunden. Xenophons Anabasis I—IV, 3—4 Stunden. Homers Odyssee, I, II, III; IV, 1—265, 2 St. Repetitionen in der Formenlehre, Übungen in der Syntax, Kritik der Kompositionen 1—2 Stunden. Gutermann.
5) **Französische Sprache**, 3 Stunden. Lektüre: Die Abschnitte Voltaire und Daudet aus dem Handbuch von Hölder; im übrigen Stoff und Betrieb des Unterrichts wie in VIIa. Finkbeiner, Günzler.
6) **Geschichte** kombin. mit VIIa.
7) **Geographie** kombin. mit VIIa.
8) **Mathematik**, 4 Stunden. Stoff und Betrieb des Unterrichts wie in VIIa Beurlen, Zoller.
9) **Naturwissenschaften**, 2 Stunden. Stoff und Betrieb des Unterrichts wie in VIIa. Haag.
10) **Singen** kombin. mit VIIa.
11) **Turnen** kombin. mit VIIa.

Fakultativer Unterricht.

1) Hebräische Sprache, 8 Stunden. Baltzer.
   - VII. Klasse, 2 Stunden. Elementar- und Formenlehre §§ 1—37, 49 u. 50 der Baltzer'schen Grammatik; dazu der entsprechende Teil des Übungsbuches bis § 23. Korrektur der Kompositionen.
   - VIII. Klasse, 2 Stunden. Fortsetzung der Formenlehre, Gramm. §§ 51—77, Übungsbuch §§ 23—37. Korrektur der Kompositionen.
   - IX. Klasse, 2 Stunden. Abschluss und Wiederholung der Formenlehre; Syntax, Übungsbuch §§ 39 -42. Lektüre aus der Bibel: Genes. 1—5; 40-48; Exod. 3—6, Num. 10- 14; Jos. 1—7; Korrektur der Kompositionen und Expositionen.
   - X. Klasse, 2 St. Lektüre: Psalmen lib. I u. III, ausgewählte Abschnitte aus den prosaischen Büchern mit grammatischen Wiederholungen und Übungen. Korrektur der Expositionen und grammatischen Analysen.

2) Englische Sprache, im Wintersemester 5, im Sommersemester 4 Stunden. Finkbeiner, hernach Zoller.
   - X. Klasse, 1 Stunde im Wintersemester. Lektüre: Shakespeare, Julius Cäsar.
   - IX. u. VIII. Klasse, 2 Stunden. Lektüre: Kenilworth v. W. Scott, Grammatik v. Schmidt; Korrektur der Übungsstücke.
   - VII. Klasse, 2 Stunden. Schmidts Elementargrammatik §§ 1—25; Übersetzung der dazu gehörigen Übungsstücke. Hauptarbeit — Einübung der Aussprache; Korrektur der Diktate.

3) Freihandzeichnen, 2 Stunden. Dursch.
   Zeichnen nach Vorlagen und Gips; Landschaftszeichnen nach Vorlage und Natur; Perspektivzeichnen, Vortrag und Übungen.

4) Projektionszeichnen in Kl. IX, 2 Stunden. Haag.
   1 Stunde Vortrag: Anwendung der Parallelperspektive auf Krystallkörper; Orthogonalprojektion. 1 Stunde Zeichnen.

Am Unterricht in der hebräischen Sprache nahmen teil aus den Klassen VII—X 104 Schüler, in der englischen Sprache 52, im Freihandzeichnen 37, im Projektionszeichnen: am Vortrag sämtliche Schüler der Kl. IX, am Zeichnen 6.

B.
Untergymnasium.[*]

Klasse VI.
Klassenlehrer Professor Dr. Voltz.

1) Religionslehre, a) katholische, 2 Stunden. Repetition des ganzen Katechismus mit entsprechenden Erweiterungen. Kresser. b) evangelische, gemeinsam für die Klassen III—VI, 2 St. Memorieren des Brenzischen Katechismus nebst Repetition der Sprüche von Abteilg. III des Memorierbuchs; Bibelkunde: Erklärung ausgewählter Abschnitte aus den Geschichts- und Lehrbüchern des Alten Testaments. Hiller.

2) Deutsche Sprache, 2 Stunden. Lesebuch B. III. Sprachliche und sachliche Erläuterungen der gelesenen Stücke. Korrektur der 14tägigen Aufsätze; Übungen im Disponieren.

3) Lateinische Sprache, 10 Stunden. a) Lektüre aus Jordan „Ausgewählte Stücke" Livius p. 33—71, Cicero p. 46-95; dazu im Sommersemester Lektüre der Stücke im daktylischen Versmass in Siebelis, Tirocinium poëticum; b) Komposition mündlich 78 Stücke aus Holzer I., schriftlich alle 8 Tage eine Haus-, alle 14 Tage eine Klassenarbeit. c) Grammatik nach Ellendt-Seyffert. Repetition der Formenlehre; Syntax mit besonderer Einübung der in Klasse V zurückgestellten §§.

4) Griechische Sprache, 7 Stunden. a) Grammatik: Repetition und Abschluss der Formenlehre; Syntax: Pronomina, Kasuslehre, Präpositionen, nach Gerths Grammatik. b) Exposition aus Wesener II. c) Komposition mündlich aus Wesener II, schriftlich wöchentlich eine Arbeit.

5) Französische Sprache, 2 Stunden. Grammatik nach Plötz kurzgef. system. Gramm. II—VI; Komponieren und Exponieren aus Plötz method. Lese- und Übungsbuch I. Teil, 4. Abschn. Korrektur der Kompositionen und Extemporaneen. Fischer, nachher Günzler.

6) Geschichte, 1½ Stunden. Deutsche Geschichte von 1492—1871 nach dem Leitfaden von Pütz III; Zeittafeln; württembergische Geschichte nach Streich.

---
[*] Wo kein Lehrer genannt ist, ist der Klassenlehrer zu verstehen.

7) Geographie, 1½ Stunden. Das Wichtigste aus der mathematischen Geographie; die aussereuropäischen Erdteile nach Pütz-Behr.
8) Rechnen und Mathematik, 3 Stunden. a) Repetition, teilweise neue Behandlung arithmetischer Aufgaben: Zins- Diskont- Teilungs- und Mischungsrechnungen; b) Algebra: Repetition des Stoffes des vorangegangenen Jahrs; Gleichungen vom 1. Grad mit einer Unbekannten. Lehre von den Potenzen, nach Bardey; c) Geometrie nach Spieker III, IV und V. Beurlen, Zoller.
9) Freihandzeichnen, 2 Stunnden. Dursch.
10) Turnen, 2 Stunden mit Kl. V. Schäfle.

Klasse V.

Klassenlehrer Oberpräzeptor Dr. Greiner.

1) Religionslehre, a) katholische, 2 Stunden gemeinsam mit Kl. IV. Katechismus, III. u. IV. Hauptstück. Ummenhofer
b) evangelische, s. Kl. VI.
2) Deutsche Sprache, 2 Stunden. Lesebuch III. Teil. Lese- und Deklamationsübungen, sprachliche und sachliche Erklärung der gelesenen Stücke. Aufsatzübungen.
3) Lateinische Sprache, 10 Stunden. a) Grammatik, Repetition der Kasuslehre; Fortsetzung der Syntax (Moduslehre und oratio obliqua) nach Landgraf; b) Exposition aus C. Nepos: Chabrias, Timoleon, Hamilcar, Hannibal, Cato, Atticus, aus Cäsar bell. gall. V—VII, c) Kompositionsübungen aus Warschauer II; d) Korrektur der Kompositionen (Hebdomadaria und Proloco) und Expositionen.
4) Griechische Sprache, 7 Stunden. Formenlehre bis zu den verba auf mi nach der Grammatik von Gerth; Kompositions- und Expositionsübungen aus Gaupp-Holzer-Graf; Korrektur der Hebdomadarien, Proloco und Extemporaneen.
5) Französische Sprache, 2 Stunden. Plötz method. Lese- und Übungsbuch I, 2. von § 50 an und 3. Abschn.; die entsprechenden Partien aus der kurzgefassten systematischen Grammatik von Plötz. Korrekturen. Fischer.
6) Geschichte, 1½ Stunden. Römische Kaisergeschichte, deutsche Geschichte des Mittelalters nach Pütz Leitfaden I u. II. Zeittafeln.
7) Geographie, 1½ Stunden. Die außerdeutschen Länder Europas nach Pütz-Behr.

8) Rechnen und Mathematik, 3 Stunden. a) Arithmetik aus dem Gebiet des bürgerlichen Rechnens; b) Algebra nach Bardey I—VII; c) Geometrie: Spieker I, II und der größere Teil von III. Beuerlen, Zoller.
9) Singen, 1 Stunde, gemeinsam mit Klasse IV: erweiterte Treffübungen, Dur- und Mollleitern; Einübung mehrstimmiger Lieder aus der Sammlung von Krauss-Weber; eine weitere Stunde gemeinsam mit den übrigen Klassen des Untergymnasiums: Einübung mehrstimmiger weltlicher und kirchlicher Lieder. Keller.
10) Freihandzeichnen, 2 Stunden. Dursch.
11) Turnen, 2 Stunden mit Kl. VI.

Klasse IV.

Klassenlehrer Oberpräzeptor Fischer.

1) Religionslehre, s. Kl. V bezw. VI.
2) Deutsche Sprache, 2 Stunden. Lesebuch II. Teil, Lese- und Deklamationsübungen; sprachliche und sachliche Erklärung der gelesenen Gedichte und Prosastücke; orthographische Übungen mit schwierigeren Stoffen; Aufsätze.
3) Lateinische Sprache, 10 Stunden. a) Grammatik nach der Schulgrammatik von Landgraf § 96—177 und Herzogs lat. Übungsbuch III , c) Exposition aus Nepos: Miltiades, Themistocles, Dion, Pelopidas, Eumenes, d) Korrektur der Hebdomadarien und Proloco.
4) Französische Sprache, 4 Stunden. Plötz method. Lese- und Übungsbuch I, 1. Abschnitt und 2. bis § 50. Korrektur der Haus- und Schularbeiten.
5) Geschichte, 2 Stunden. Griechische Geschichte von den Perserkriegen bis zum Aufgehen der Diadochenreiche im Römerreich; römische Geschichte der Republik bis Augustus nach Pütz Leitfaden I. Greiner.
6) Geographie, 1 Stunde, physikalische Mitteleuropas, politische des deutschen Reiches.
7) Rechnen, 3 Stunden. Repetition der Bruchrechnung; Schlussrechnung, Zins-Wechsel- Teilungs- und Mischungsrechnung. Beuerlen, Fischer.
8) Naturbeschreibung, 2 Stunden. Im Winter die wichtigsten Organe des menschlichen Körpers nach Polack, im Sommer Botanik: genauere Kenntnis besonders wichtiger Gewächse und der hauptsächlichsten Handelspflanzen, nach Daiber.
9) Schönschreiben, 1 Stunde. Schumm. Deutsche, lateinische, griechische Schrift.

10) Singen, s. Kl. V.
11) Geometrisches Zeichnen, 2 Stunden im Sommersemester. Leichtere geometrische Konstruktionen mit Bleistift und in Tusch. Zoller.
12) Freihandzeichnen, 2 Stunden. Elemente. Dursch.
13) Turnen, 2 Stunden gemeinsam mit Klasse III. Schäfle.

Klasse III.
Klassenlehrer Hilfslehrer Dr. Haug.

1) Religionslehre, a) katholische 2 Stunden. Repetition der ganzen biblischen Geschichte des Alten und Neuen Testaments. Kresser.
   b) evangelische, s. Kl. VI.
2) Deutsche Sprache, 3 Stunden. Lesebuch II. Teil. Lese- und Deklamationsübungen, sprachliche und sachliche Erklärung der gelesenen Stücke. Einübung der Orthographie. Diktate und kleinere Aufsätze.
3) Lateinische Sprache, 10 Stunden. Grammatik, Komposition und Exposition nach dem Übungsbuch für die II. Lateinklasse von Herzog, im Anschluß an die Bestimmungen des württemb. Lehrplans vom Februar 1891.
4) Geschichte, 2 Stunden. Geschichte der orientalischen Staaten; griechische Sagen- und Staatengeschichte bis zu den Perserkriegen; römische Königsgeschichte nach Pütz Leitfaden 1; Geographie von Altgriechenland und Altitalien.
5) Geographie, 1 Stunde. Die Erde als Himmelskörper, ihre Gestalt, Zonen, Ozeanologie, vertikale und horizontale Gliederung der fünf Erdteile, nach Pütz-Behr.
6) Rechnen, 4 Stunden. Bruchrechnung mit Einschluss der periodischen Dezimalbrüche; Zweisatz und Dreisatz; Rechnung mit aliquoten Teilen. Schmidt-Grüninger II, 1—268; III, 1—30.
7) Naturbeschreibung, 2 Stunden. Im Winter Reptilien, Amphibien, Fische; im Sommer Botanik: Einteilung der Pflanzen, die gewöhnlichsten Vertreter der bei uns vorkommenden Familien, nach Polack II.
8) Schönschreiben, 1 Stunde. Repetition des lateinischen und deutschen Alphabets; Taktschreiben. Rundschrift nach Sönecken Schumm.
9) Singen, 1 Stunde. Treffübungen in Terzen und Quarten; verschiedene Dur-Leitern; mehrstimmige Lieder aus der Sammlung; eine weitere gemeinsame Stunde s. Kl. V. Keller.
10) Turnen, 3 Stunden, davon 2 gemeinsam mit Kl. IV.

Klasse II.

Klassenlehrer Präzeptor Schumm.

1) **Religionslehre**, a) katholische, komb. mit Kl. I, 2 Stunden. Biblische Geschichte aus dem A. und N. Testament. Kresser.
   b) evangelische, komb. mit Kl. I, 2 Stunden. Memorieren: 46 Sprüche der Abteil. III des Memorierbuchs, 4 Lieder; bibl. Geschichte des A. Testaments. Hiller.
2) **Deutsche Sprache**, 3 Stunden, s. Kl. I.
3) **Lateinische Sprache**, 10 Stunden. Formenlehre, Komposition und Exposition nach dem Übungsbuch für die I. Lateinklasse von Herzog; Korrektur der Hebdomadria und Proloco.
4) **Geographie**, 1 Stunde. Württemberg. Haug.
5) **Rechnen**, 4 Stunden. Repetition der 4 Spezies mit unbenannten und benannten ganzen Zahlen. Schmidt-Grüninger I vollständig; als Vorbereitung auf die Bruchlehre Teilbarkeit der Zahlen und Zerlegung in Faktoren. Kopfrechnen.
6) **Naturbeschreibung**, 2 Stunden, kombin. mit Kl. I. Im Winter die wichtigsten Vertreter der Zoologie (mit Ausschluss des Menschen), Demonstrationen an den Wandtafeln; im Sommer Morphologie der Pflanzen; die bei uns am häufigsten vorkommenden Pflanzen. Haug.
7) **Schönschreiben**, 2 Stunden. Lateinisches und deutsches Alphabet, Taktschreiben.
8) **Singen**, 1 Stunde, gemeinsam mit Kl. I. Kenntnis der Tonzeichen; Treffübungen in Sekunden und Terzen; C-Leiter; einstimmige Lieder aus der Sammlung; eine weitere gemeinsame Stunde s. Kl. V. Keller.
9) **Turnen**, 1 Stunde gemeinsam mit Kl. I. Turnspiele. Schäffle.

Klasse I.

Klassenlehrer Präzeptor Schumm.

1) **Religionslehre**, s. Kl. I.
2) **Deutsche Sprache**, 8 Stunden, 5 allein, 3 komb. mit Kl. II. Lesebuch Teil I. Leseübungen; Erklärung der gelesenen Stücke; Memorieren und Deklamieren von Gedichten; Einübung der Rechtschreibung theoretisch und durch 70 Diktate; 26 Aufsätze, Beschreibungen und Erzählungen vorher besprochener Stoffe. Sprachlehre, Grammatik mit lateinischer Terminologie nach Fick-Bitzer.

3) Geographie, 1 Stunde. Das Oberamt Rottweil und seine nächste Umgebung; Württemberg. Haug.
4) Rechnen; 6 Stunden. Einübung der 4 Spezies mit unbenannten Zahlen bis auf 12 Stellen und der Klammerrechnungen; Rechnen mit benannten Zahlen nach Schmidt-Grüninger I. Münzen, Maße, Gewichte; Kopfrechnen.
5) Naturbeschreibung, s. Kl. II.
6) Schönschreiben, 3 Stunden. Lateinisches und deutsches grosses und kleines Alphabet, Taktschreiben.
7) Singen, s. Kl. II.
8) Turnen, s. Kl. II.

III. Schülerzahl

am 1. Januar 1895:

an der obern Abteilung	160
an der untern Abteilung	113
zusammen	273

Von diesen 273 Schülern waren

katholisch	225,	143	an der oberen,		82	an der untern Abteilung,		
evangelisch	46,	17	,,	,,	,,	29	,,	,,	,,	,,
israelitisch	2,	0	,,	,,	,,	2	,,	,,	,,	,,
hiesige	119,	27	,,	,,	,,	92	,,	,,	,,	,,
auswärtige	154,	133	,,	,,	,,	21	,,	,,	,,	,,

Von den 160 Schülern der obern Abteilung waren 72 Zöglinge des Konvikts, 88 Externe, (oppidani).

1 Schüler der VIII. Klasse ist in den Weihnachtsferien in der Heimat gestorben.

Am Schlusse des Schuljahrs waren es
an der oberen Abteilung 156,
an der untern Abteilung 115 Schüler, zusammen 271.

IV. Prüfungen.

Die schriftlichen Prüfungen am Ende des Wintersemesters fanden statt am 22. und 23. März, die schriftlichen Promotions- bezw. Aufnahmeprüfungen am 15. und 16. Juli, die mündlichen Schlussprüfungen an den Klassen I—IX vom 24.—26. Juli.

An der Abiturientenprüfung, deren mündlicher Teil — der schriftliche war am 27. Juni ff. vorausgegangen — unter der Leitung des Oberstudienrats Dr. Rapp am 15. Juli vorgenommen wurde, beteiligten sich 15. Schüler der X. Klasse, alle mit Erfolg.

    M. Bernhard von Baisingen OA. Horb, Kameralfach,
    K. Blessing v. Weissenstein OA. Geislingen, Medizin,
    W. Faude v. Gamertingen in Hohenzollern, Medizin,
    J. Freitag v. Deubach OA. Mergentheim, Philosophie,
    A. Gehring v. Laudenbach OA. Mergentheim, Medizin,
    H. Herz v. Weildorf in Hohenzollern, Philosophie,
    O. Leipprand v. Rottweil, militär. Laufb.,
    A. Mayer v. Hechingen, Philosophie,
    E. Mock v. Haigerloch in Hohenzollern, Forstfach,
    A. Müller v. Spaichingen, Forstfach,
    V. Simon v. Rottweil, milit. Laufbahn.,
    F. Sinz v. Feldkirch, Medizin,
    A. Sterk v. Weingarten, Philosophie,
    R. Storz v. Tuttlingen, Medizin,
    R. Welte v. Rottweil, Regiminalfach.

Die Konkursprüfung für Aufnahme in das K. Wilhelmsstift in Tübingen und für Legitimation zum Studium der kath. Theologie überhaupt, welche vom 26. Juli bis 2. August am Gymnasium in Ehingen vorgenommen wurde, machten 19 Schüler unsrer X. Klasse mit und sind alle bestanden,

die Konviktoren:

    F. Angstenberger von Neuler, OA. Ellwangen,
    A. Blatz von Mulfingen OA. Künzelsau,
    H. Böß von Ludwigsburg,
    K. Bosch von Stuttgart,
    R. Feiel v. Vaihingen OA. Rottweil,
    O. Gerst von Baisingen OA. Horb,
    A. Hahn von Dotternhausen OA. Rottweil,
    F. Keßler von Bühl OA. Rottenburg,
    J. Landsperger von Neresheim,

F. Lipp von Deuchelried OA. Wangen,
Th. Mayer von Wiesensteig,
J. Michel von Bernsfelden OA. Mergentheim,
J. Ott von Ehingen,
J. Pfeffer von Oberndorf,
G. Raff von Wiesenstetten OA. Horb,
B. Schnek von Gmünd,
G. Seckler von Beffendorf OA. Oberndorf,
X. Wilhelm von Unterböbingen OA. Gmünd,
und der Oppidanus
R. Fischer v. Gmünd.

Das Zeugnis über die wissenschaftliche Befähigung für den einjährig-freiwilligen Dienst erhielten je 23 Schüler der Klassen VIIa und VIIb und 1 Schüler der Klasse VIII.

V. Ferien und Feierlichkeiten.

Die Weihnachtsferien gingen vom 24. Dezember v. J. bis 6. Januar d. J., die Osterferien vom 7. bis 24. April; die Hauptferien begannen mit dem 28. Juli.

Am 10. Oktober v. J., dem hohen Geburtsfeste Ihrer Majestät der Königin, wurde der Unterricht eingestellt.

Am Vorabend des Geburtstags Seiner Majestät des deutschen Kaisers, 26. Januar, versammelten sich die Schüler der oberen Klassen mit sämtlichen Lehrern der Anstalt in den Räumen der Liederhalle, wo der festliche Tag durch patriotische Gesänge und Reden gefeiert wurde.

Das hohe Geburtsfest Seiner Majestät des Königs wurde am 25. Februar in herkömmlicher Weise von Seiten des Gymnasiums feierlich begangen durch einen Festakt im Speisesaal des Konvikts bestehend in Gesangsvorträgen und einer Festrede des Professors Geiselhart über „Elsass und seine Zugehörigkeit zu Deutschland in geschichtlichem Überblick."

Am 1. April, dem 80. Geburtstage des Fürsten Bismarck, fiel nach Königl. Verfügung vom 25. März der Unterricht in sämtlichen Schulen des Landes aus. Unsre Schüler an der obern Abteilung wurden durch eine Ansprache des Rektors, die der untern Abteilung durch die Klassenlehrer auf die Bedeutung des Tages hingewiesen.

Sonntag, den 27. Juli wurde das Schuljahr feierlich geschlossen durch ein Te Deum in der Gymnasiumskirche und einen Festakt im Speisesaal des Konvikts. Nach Gesängen und Deklamationen der Schüler und den Abschiedsworten eines Abiturienten hielt der Rektor eine Ansprache an die abgehenden Schüler und an diejenigen, welche das Zeugnis über die wissenschaftliche Befähigung für den einjährig-freiwilligen Dienst erhielten und erinnerte besonders an die 25jährige Wiederkehr der grossen Tage von 1870 und 1871; daran schloss sich die Verteilung der Prämien und Diplome.

Das neue Schuljahr beginnt am 16. September mit Aufnahmeprüfungen, der Unterricht am 17. September.

Rottweil im August 1895.

K. Gymnasial-Rektorat.
Dr. Eble.